Marco Voigt (Hg.)

Die Morgenandacht

Die beliebten Radioandachten
für den Start in den Tag

Mit 21 Abbildungen

Vandenhoeck & Ruprecht

Bibliografische Information der Deutschen Nationalbibliothek:
Die Deutsche Nationalbibliothek verzeichnet diese Publikation in der
Deutschen Nationalbibliografie; detaillierte bibliografische Daten sind
im Internet über https://dnb.de abrufbar.

© 2021, Vandenhoeck & Ruprecht GmbH & Co. KG,
Theaterstraße 13, D-37073 Göttingen
Alle Rechte vorbehalten. Das Werk und seine Teile sind urheberrechtlich
geschützt. Jede Verwertung in anderen als den gesetzlich zugelassenen Fällen
bedarf der vorherigen schriftlichen Einwilligung des Verlages.

Umschlagabbildung: © Shutterstock/AnnaElizabeth photography

Satz: SchwabScantechnik, Göttingen
Druck und Bindung: ⊕ Hubert & Co. BuchPartner, Göttingen
Printed in the EU

Vandenhoeck & Ruprecht Verlage | www.vandenhoeck-ruprecht-verlage.com

ISBN 978-3-525-63062-4

Inhalt

Grußwort 7
Kristina Kühnbaum-Schmidt

Vorwort 9
Marco Voigt

1 **Gedanken zu Weihnachten** 11
  Ralf Meister

2 **Alte und neue Psalmen** 17
  Astrid Kleist

3 **Mittagsstunde** 25
  Friedemann Magaard

4 **Zuversicht! Sieben Wochen ohne Pessimismus** 33
  Henning Kiene

5 **Licht in der Dunkelheit** 41
  Annette Behnken

6 **Vögel und Menschen** 47
  Mathis Burfien

7 **Singen ist lebenswichtig** 55
  Damaris Frehrking

8 **Wie wollen wir leben?** 63
  Nora Steen

9	Göttliche Berufe	71
	Klaus Bergmann	
10	Von Nähe und Distanz in der Liebe	79
	Tilmann Präckel	
11	Ankommen	87
	Silvia Mustert	
12	Timotheus und die Lateinschule von Alfeld	95
	Katharina Henking	
13	Friedhofsgeschichten	103
	Anja Stadtland	
14	Was ferne liegt. Der Möglichkeitssinn	111
	Matthias Lemme	
15	Die Beatles und John Lennon	119
	Christoph Störmer	
16	Von Eichentüren und anderen Widerstandskräften	129
	Adelheid Ruck-Schröder	
17	Johann Sebastian Bach: Gott der Musik	137
	Joachim Kretschmar	
18	Sommerschatzsuche	145
	Melanie Kirschstein	
19	Räume – zu Hause und in der Bibel	153
	Anne Gidion	
20	Simon and Garfunkel	161
	Marco Voigt	

Sendetermine der Andachten		171
Bibelstellenregister		173
Danksagung		175

Grußwort
Der Glaube kommt aus dem Hören

Kristina Kühnbaum-Schmidt
Landesbischöfin der Evangelisch-Lutherischen
Kirche in Norddeutschland

Der Apostel Paulus war sich sicher: »Der Glaube kommt aus dem Hören.« So schreibt er es an die Gemeinde in Rom (Römer 10,17). Er schreibt nicht: Der Glaube kommt aus dem Lesen. Wobei die Morgenandachten, die Radiopastor Marco Voigt für dieses Buch ausgewählt hat, in erfreulicher Weise auch Glaubenserfahrungen für die Muße des Lesens eröffnen, über die Mittagsstunde in Brinkebüll, Gedichte der Großmutter, Begegnungen auf dem Flohmarkt, kurzum: Geschichten von Adam und Eva bis zum verlorenen Büroschlüssel.

Die wesentliche Stärke der Morgenandachten auf NDR Info und NDR Kultur liegt darin, dass sie wie alle guten Radiobeiträge für das Ohr gedacht sind. Jede Autorin, jeder Autor spricht persönlich mit eigener Stimme zu vielen tausend Hörerinnen und Hörern, von denen etliche kaum Kontakt zur Kirche haben. Das verbindet beide, Redende und Hörende, mit den Anfängen unserer Kirche. Das persönliche Erzählen von Glaubenserfahrungen ist für Paulus fundamental für die Kommunikation des Evangeliums. Die Stimme übermittelt, was wir empfinden und was uns wirklich wichtig ist. Sie ist der Spiegel der Seele. Hörerinnen und Hörer haben ein Gespür dafür, ob die Person, die gerade am Mikrofon spricht, authentisch ist und glaubt, was sie sagt. Darum ist Glaubwürdigkeit der persönlichen Lebens- und Glaubenserfahrung der eigentliche und wunderbare Schatz, den Morgenandachten im Radio immer wieder neu öffnen.

Eine natürliche Stimmführung wird im Radio als besonders angenehm empfunden. Dadurch schärfen gute Morgenandachten zugleich das Anforderungsprofil für eine authentische, vitale und prägnante Kommunikation auf der Kanzel. Es gilt, wie der Fachbegriff für die Predigtwissenschaft – Homiletik – wörtlich besagt, sich mit einer je einzelnen Hörerin, einem je einzelnen Hörer über die Relevanz eines biblischen Gedankens angesichts aktueller Alltagsüblichkeiten zu unterhalten. Zu den wichtigsten Diensten, die eine Radioandacht dabei leisten kann, gehören Trost und Stärkung. Und Trost in der Radioandacht wird mitten im aktuellen Tagesgeschehen der zu Tröstenden zugesprochen, in der Küche, im Auto, vor dem Badezimmerspiegel.

Darum ist es nicht zuletzt Jesus Christus selbst, der im Heiligen Geist im Hören und Sprechen von Morgenandachten Trost und Hoffnung schenkt. Weil seine, weil auch Gottes Geistesgegenwart nicht an einen Ort gebunden ist. Das hat der Rabbi und Wanderprediger Jesus von Nazareth an Hecken und Zäunen, in Küchen und Wohnzimmern, am Strand und an Krankenbetten spürbar werden lassen und gelebt. »So kommt der Glaube aus dem Hören, das Hören aber durch das Wort Christi«, schreibt Paulus (Römer 10,17).

In diesem Sinne wünsche ich Ihnen, was jeder gute Start braucht, ob im Lesen oder Hören: Gottes Geist und Segen!

Ihre

Kristina Kühnbaum-Schmidt

Vorwort

Marco Voigt
Radiopastor in Kiel

Die Morgenandacht ist seit Jahrzehnten das beliebteste Verkündigungsformat im norddeutschen Radio. Jeden Tag hören sie Zehntausende Hörer*innen, entweder um 5.55 Uhr auf NDR Info oder um 7.50 Uhr auf NDR Kultur. Hinzu kommen zahlreiche weitere Menschen, die den Podcast abonniert haben. Die vielen Rückmeldungen zeigen: Die Morgenandacht kommt gut an und trifft den Nerv der Zeit.

Mehr als sechzig Autor*innen aus dem gesamten norddeutschen Raum sorgen auf evangelischer Seite für eine gleichbleibend hohe Qualität. Mit dabei sind Frauen und Männer, die eine Gemeinde, einen Kirchenkreis oder eine ganze Landeskirche leiten, sowie Menschen aus der pastoralen Aus- und Fortbildung. Sie teilen bei der Morgenandacht ihre Gedanken mit Menschen im Badezimmer, beim Frühstück, im Auto oder im Büro, ohne sie dabei zu sehen oder auch nur zu kennen.

Da die Morgenandacht von montags bis samstags gesendet wird, sind die Autor*innen immer für sechs Andachten zuständig, die in aller Regel inhaltlich eng miteinander zusammenhängen. Die Themen sind dabei so unterschiedlich und vielfältig wie die Autor*innen selbst. Je nach deren Vorliebe reichen sie von Geschichten aus dem Alltag, über Gedanken zu Liedern und Büchern bis hin zu aktuellen gesellschaftlichen Fragen.

Nun liegen die beliebten Radioandachten zum ersten Mal in einem Sammelband vor, zum Nachlesen oder Neuentdecken. Die zwanzig Andachtsreihen in diesem Buch waren zwischen Dezember 2019 und November 2020 zu hören. Sie stammen also aus der »Corona-Zeit«, was in vielen Reihen auch deutlich wird.

Vielleicht hören auch Sie schon seit langem die Morgenandacht. Oder Sie lassen sich von diesem Buch dazu anregen, am Morgen mal reinzuhören. Auf jeden Fall wünsche ich Ihnen viel Freude mit diesem Buch!

1 Gedanken zu Weihnachten

Ralf Meister
Landesbischof der evangelisch-lutherischen
Landeskirche Hannovers

Großmutters Gedichte

Meine Großmutter hat zu Weihnachten Gedichte geschrieben. Sie starb in dem Jahr, in dem ich geboren wurde. Meine Mutter sagte die Weihnachtsgedichte vor achtzig Jahren auf und vor einem halben Jahrhundert meine Geschwister und ich. Was so manchem Kind heute wie eine leidige Pflicht erscheinen mag, Weihnachtsgedichte aufsagen, war für uns vor fünfzig Jahren eine normale Übung. Die Gedichte waren jeweils in ihrer Länge und dem Schwierigkeitsgrad an unser Lebensalter angepasst. Wir Geschwister probten vorab und sagten dann diese Verse vor Eltern, Großeltern oder anderen Gästen auf. Diese spannenden Auftritte vergesse ich nicht. Ein Gedicht blieb mir bis heute im Gedächtnis. Es geht um die Verabschiedung des Weihnachtsmanns. Darin heißt es:

> Der Weihnachtsmann, den die Kinder so lieben,
> der Puppenstuben und Burgen gemacht,
> dem man einfach einen Zettel geschrieben,
> und der dann alles hat gebracht,
> der Mann, den so oft ich gesehen im Traume,
> der mein Kinderherz tat so oft erfreu'n,
> der Mann mit dem Weihnachtsbaume –
> das alles soll nur ein Märchen sein?
> Doch darf uns das Märchen nicht traurig machen!

> Wenn Weihnachten ist, soll man fröhlich sein.
> Ich weiß einen Trost, den will ich euch sagen:
> Uns bleibt ja noch das Christkindlein. […]
> Es näht zwar keine Puppenkleider,
> baut Burgen nicht und Hampelmann,
> kein Zinnsoldat, mit Pferd und Reiter,
> doch fromme Wünsche hört es an.
> Drum will ich meine Hände falten
> hier unter'm Baum im Lichterschein:
> du mögest noch lange gesund erhalten
> die zu mir gehören, Christkindlein.

Und dann folgte die Aufzählung aller Anwesenden im Weihnachtszimmer. Angefangen von den Großeltern durch die ganze Familie. Man kann diese Zeilen etwas kitschig finden, gewiss; oder altmodisch, stimmt auch. Doch mich überzeugte als Kind dieser Abschied vom Märchenglauben an den Weihnachtsmann, den wir schon längst als Großvater enttarnt hatten. Ein Abschied, der hinüber führte zu einer gläubigen Haltung an Christus. Und der erste Ausdruck findet sich dann in der Fürbitte für die Menschen, die mir lieb waren, meine Familie. Ein Glaube, der aus der wundersamen Weihnachtsgeschichte kein neues Märchen machte, auch nicht mit der Heiligen Familie im Stall von Bethlehem.

Ich glaube: es braucht nicht mehr zu Weihnachten als ein paar glaubwürdige Zeilen, die uns zwischen all den vielen Geschichten auf das Eigentliche hinweisen: »Denn euch ist heute der Heiland geboren, welcher ist Christus, der Herr …« (Lukas 2,11)

Driving Home for Christmas

»Driving Home for Christmas« heißt ein Song von Chris Rea, der Jahr für Jahr durch's Radio klingt. Er gibt der Melodie der Stunden vor dem Heiligen Abend den richtigen Klang: Nach Hause kommen.

Wer will nicht »nach Hause« kommen? Niemals prägt uns die Heimat-Sehnsucht so wie in den Weihnachtstagen. Im Erzählen der alten Geschichten, im Singen der bekannten Lieder, ja, sogar beim stummen Betrachten der vertrauten Figuren auf der Fensterbank oder des Christbaumschmucks wird es für ein paar Augenblicke heimelig. Und wie sehnen sich erst all diejenigen, die ihrer Heimat fern sein müssen, heute Abend?! Selten treibt die Sehnsucht nach dem Zuhause so viele Blüten wie in dieser besonderen, Heiligen Nacht. Diese Suche aus dem Unbehausten, manchmal auch der spirituellen Heimatlosigkeit, hinein in den Raum, an dem wir zu Hause sind; diese Suche kommt Weihnachten ans Ziel. Es ist, als wären wir ein ganzes Jahr wieder durch den Wald geirrt und sehen nun das hell erleuchtete Haus, in dem wir ankommen werden.

Diese Heilige Nacht verbindet uns mit der berühmtesten Heimreise unserer Kultur. Da sind zwei unterwegs. Maria und Joseph. Sie werden abgewiesen und landen schließlich an einem Ort, an dem nur ein Futtertrog dem neugeborenen Kind eine erste Heimat bietet. Gott wird Mensch an einem unwirtlichen Ort. Er will gegenwärtig sein, mitten unter uns. Er will mit uns in dieser Welt einen Raum teilen, einen Ort haben, an dem er zu Hause ist. Gott macht sich auf zu uns: Aus der Himmelsferne kommt er uns nahe, um mit uns zu leben.

Wir waren hilflos Irrende durch das Dunkel der Nacht. Wir tragen das Schwere, den Unfrieden und die Heimatlosigkeit in uns. Und dann kommen wir nach Hause. Stehen an der Krippe und sehen den kleinen König, der die Tränen der Menschen trocknet, weil er sie selber weint. Gott weint, friert, ist hungrig, wird selbst gedemütigt. Gott ist den Menschen nahe, in ihrer Angst, in ihrem Leid, in ihrer großen Freude.

Nach Hause kommen. In dieser Nacht geschieht es. Gott wählt diese Welt als seine Heimat, und wir öffnen unsere Herzen und geben ihm Raum, bei uns zu wohnen. Und dann – wo immer wir auch sein werden – sind wir zu Hause.

Briefe über Religion

Zwei alte Männer schreiben sich Briefe über Religion. Der eine war ein heißer Kandidat für das Papstamt, der andere ein weltberühmter Autor, der den Glauben an Gott verloren hatte. Der Erzbischof von Mailand, Carlo Maria Martini und der Schriftsteller Umberto Eco, beide sind inzwischen verstorben. Doch ihre Briefe sind aktuell geblieben.

In einer Passage lädt der ehemalige Katholik Umberto Eco den Erzbischof zu einer Gedankenreise ein:

> Stellen Sie sich vor, »dass es Gott nicht gebe. Dass der Mensch durch einen Irrtum des täppischen Zufalls auf der Erde erschienen sei. [...] [Und] dieser Mensch würde nun, um den Mut zu finden, auf den Tod zu warten, notgedrungen ein religiöses Wesen.« Und er denkt sich Erzählungen aus. Und unter diesen vielen Erzählungen, die er sich ausdenkt, ist auch die Geschichte von Christus. »Das Modell der universalen Liebe, der Vergebung für die Feinde«, das Modell einer Hoffnung über diese Welt und unsern Tod hinaus.
>
> »Wenn ich ein Reisender aus einer fernen Galaxie wäre und vor einer Spezies stünde, die sich dieses Modell zu geben gewusst hat, würde ich überwältigt ihre [...] Energie bewundern und würde diese jämmerliche und niederträchtige Spezies, die so viele Greuel begangen hat, allein dadurch als erlöst betrachten, dass sie es geschafft hat, sich zu wünschen und zu glauben, dies alles sei Wahrheit«.[1]

Seitdem ich vor vielen Jahren diese Sätze von Umberto Eco gelesen habe, lassen sie mich nicht mehr los. Es ist der wunderbare Einwand eines frommen und klugen Atheisten. Wenn ich auf unsere Welt schaue, bewahrheiten sich diese Sätze Jahr für Jahr. Und sie bewahrheiten sich in besonderem Maße im Advent und in der Weihnachtsnacht. Hunderte Millionen von Menschen haben gerade Weihnachten gefeiert. Sie haben die Geschichte vom »Fürchte dich nicht« und vom nahenden Retter für diese Welt gehört. Für mich ist diese Weihnachtsgeschichte eine Antwort auf all das, was falsch läuft in der Welt: Eine Geschichte, die mich hoffen und vertrauen lässt, eine Geschichte, die mir Mut macht. Unser ganzes Leben ist zerbrechlich. Die Geschichte vom Kind in der Krippe erinnert mich daran. Wir sind bedroht. Und gerade darum suchen wir Gott, dem wir unsere Angst und unseren Schmerz zurufen können: »Wo bleibst du, Trost der ganzen Welt, darauf sie all ihr Hoffnung stellt?«[2]

Wir haben das Licht gesehen und Trost empfangen. Und ich bin davon überzeugt: Nicht wir haben uns diese Geschichte ausgedacht. Es ist Gott, der sie erzählt.

Fürchtet euch nicht!

Weihnachten vorbei? Kaum sind die Lieder verklungen, kommt die Deko wieder in die Schachteln. Ich bin immer wieder überrascht, wenn ich kurz nach dem zweiten Weihnachtstag schon die ersten ausrangierten Tannenbäume auf der Straße sehe. Gefeiert und vorbei? Mancher ist froh, dass die jährliche Weihnachtswiederholung schnell vorüber geht. Dabei lohnt es, dem Nachklang hinterher zu lauschen. Weihnachtswiederholung. Wiederholung im Deutschen bedeutet: Sich etwas wieder holen. Genau dieses geschieht zu Weihnachten. Was haben wir uns in den Weihnachtstagen nicht alles wieder geholt?

Zuerst: Kindheitsweihnachten. Welten der Geborgenheit. Aber auch eine Lebensphase, in der die großen Wünsche scheinbar noch erfüllt werden konnten: Eisenbahn und Puppenhaus und die ganze Familie beieinander. Als die Freude über das Kleine sich noch die Waage hielt mit den großen Träumen.

Für ein paar Stunden holen wir an Weihnachten den Wunderglauben zurück ins Leben. Der Glaube, es könnte alles gut werden.

Wer in der Weihnachtszeit nicht an Wunder glaubt, glaubt bald an gar nichts mehr.

Die beiden wichtigsten Wunder-Sätze, die Jahr um Jahr wiederholt werden, lauten für mich: »Friede auf Erden« und »Fürchtet euch nicht.«

»Friede auf Erden«. Wie fern scheint diese Hoffnung, von der die Engel berichten? Und doch gilt sie. Sie muss gelten. Gegen allen Anschein muss sie festgehalten werden. Gegen die Autokraten und Diktatoren, gegen die Folterknechte darf diese Hoffnung nicht aufgegeben werden. Sonst akzeptieren wir den Teufelskreis der Gewalt.

Und: »Fürchtet euch nicht!« Unser Land ist verunsichert wie seit langem nicht mehr. Viele streiten sich auf niederstem Niveau in den sozialen Netzwerken, grenzen aus, diskriminieren, so dass sich Hass und Zorn verbreiten. Lasst uns nicht leichtfertig sein im Umgang mit unserer Sprache! »Fürchtet euch nicht!« meint hier nicht die mütterliche Anteilnahme für das weinende Kind, sondern den Aufruf zur Verantwortung. Bringt den Widerstand zur Sprache. Wählt eine Sprache des Respekts und der Achtung. Suchen wir also furchtlos nach dem, was wir tun können, um die Befürchtungen vor der Zukunft zu bewältigen! Denn wir müssen furchtlos auf die Zukunft unseres Landes schauen. Wenn wir uns ängstigen, bleiben wir gefangen.

»Friede auf Erden« und »Fürchtet euch nicht«, für mich die zwei wichtigsten Sätze für das ganze kommende Jahr. Sie können wir uns gar nicht oft genug wieder holen.

Anmerkungen
1 Umberto Eco: Wenn der andere ins Spiel kommt, beginnt die Ethik. In: Carlo M. Martini/Umberto Eco: Woran glaubt, wer nicht glaubt? (11. Aufl.). Wien 1998, S. 92.
2 Friedrich Spee, »O Heiland, reiß die Himmel auf« (Evangelisches Gesangbuch Nr. 7), Beginn der vierten Strophe.

2 Alte und neue Psalmen

Astrid Kleist
Hauptpastorin und Pröpstin in Hamburg

Die Bibel wiederkäuen

Die Bibel »wiederkäuen« – Ruminatio – so nennen manche Mönche des Abendlandes ihre Art, die Heilige Schrift zu meditieren. Wieder und wieder murmeln sie bestimmte Abschnitte. Bis heute wird diese Gebetspraxis in Klöstern gepflegt. Bibelworte im Munde führen wie eine Speise, die lange und gründlich gekaut werden muss, um ihren Geschmack zu entfalten.

In der Welt der Religionen stehen sie mit dieser Praxis nicht allein: »Höre Israel! Der HERR, unser Gott, der HERR ist einzig. Darum sollst du den HERRN, deinen Gott, lieben mit ganzem Herzen, mit ganzer Seele und mit ganzer Kraft« (5. Mose 6,4). Dieses biblische Glaubensbekenntnis begleitet fromme Juden bis heute durch jeden Tag ihres Lebens; beim Aufstehen und beim Schlafengehen sprechen sie diesen Text.

In Kapseln legen ihn orthodoxe Juden beim Gebet an die Stirn und den Arm. Auch im Islam gibt es die Praxis, Koransuren immer wieder zu rezitieren, ebenso in den asiatischen Religionen. Dort gilt das wiederholte Singen von Mantren als grundlegende spirituelle Übung.

Zwei Ratschläge scheinen alle diese Übungswege zu befolgen: nicht zu viel auf einmal und dafür immer wieder von Neuem.

Wer die Texte der Bibel und insbesondere die Psalmen über Jahre im Mund führt und im Herzen trägt, für den können sie auch nach langer Zeit noch neue Nuancen entfalten und die Seele nähren.

Ich erlebe es als wohltuend, Psalmen zu bestimmten Zeiten und in regelmäßigen Abständen immer wieder zu lesen und zu beten.

In Gemeinschaft geschieht dies in vielen Gottesdiensten bis heute. Dabei entfaltet sich eine ganz eigene Kraft und Wirkung, die anders ist, als wenn man die alten Worte allein liest und wiederkäut. Die verschiedenen Weisen, Psalmen zu beten, ergänzen und brauchen einander, um von uns als Seelen-Speise verdaut zu werden. So wie die Psalmen noch einmal ganz anders schmecken und wirken, wenn ich sie singe oder gesungen höre, laut spreche oder leise murmele, vorlese oder manchmal versweise auch auswendig sprechen kann. Dann erinnere ich mich mit Hilfe ihrer Worte: »Lobe den HERRN, meine Seele, und vergiss nicht, was er dir Gutes getan hat.« (Psalm 103,2)

Das wichtigste Lebensmittel

»Die Psalmen sind für mich eins der wichtigsten Lebensmittel. Ich esse sie, ich trinke sie, ich kaue auf ihnen herum, manchmal spucke ich sie aus, und manchmal wiederhole ich mir einen mitten in der Nacht. Sie sind für mich Brot.«[1]

So die Theologin Dorothee Sölle, die in diesem Jahr neunzig geworden wäre. Psalmen essen und trinken. Psalmen wie Brot. Einige süß wie Weißbrot oder ausgiebig gekautes Schwarzbrot, andere auch ganz schön hartes Brot.

Wenn ich Psalmen lese, dann spricht mich mal der eine Vers an, mal der andere. Manchmal bin ich einfach nur da und lese diesen alten Text – wie es so viele vor mir getan haben und mit mir tun und auch noch nach mir tun werden. Ich kann mich mit meinen eigenen Kämpfen und Abgründen in ihnen wiederfinden, kann mich von ihrem Staunen und ihrer Dankbarkeit anstecken lassen. Zuweilen kaue ich auch bloß auf einem einzelnen Vers herum und schmecke lediglich seine kraftvolle Sprache. Oder mitten im Lesen wird plötzlich einer der Verse laut, obschon ich ihn schon oft gelesen habe. Dann hebe ich innerlich den Kopf. Fühle mich getröstet, gehalten und geborgen. Erinnerungen werden wach an Situationen, in denen ich diesen Vers schon einmal gehört und gebetet habe.

»Und ob ich schon wanderte im finstern Tal ...« (Psalm 23,4)
»Meine Zeit steht in deinen Händen.« (Psalm 31,16)
»Meine Seele ist stille zu Gott, der mir hilft.« (Psalm 62,2)

Für Dorothee Sölle sind Psalmen als Gebete im Laufe ihres Lebens immer wichtiger geworden. Ihr empfohlenes Rezept:

»Esst die Psalmen, jeden Tag einen. Vor dem Frühstück oder vor dem Schlafengehen, egal. Haltet euch nicht lang bei dem auf, was ihr komisch oder unverständlich oder bösartig findet, wiederholt euch die Verse, aus denen die Kraft kommt [...] Findet euern eigenen Psalm. Das ist eine Lebensaufgabe. [...] Psalmen sind Gebetsformulare, du sollst sie ausfüllen. Ein Formular, das ist ein Ding, in das du deinen Namen reinschreibst, dein Geburtsdatum, deine Adresse, und so möchte ich euch alle bitten, dass ihr da, wo im Psalm »meine Seele« steht, (z. B. ›Meine Seele dürstet nach dir, o Gott‹), dass ihr überall da euren Namen einsetzt, von Adelheid bis Zwetlana und von Anton bis Xaver, und das ist natürlich nur der Anfang. [...] Der Psalm ist ein Formular, und du sollst deinen Namen eintragen und deinen Schmerz, deine Freude und dein Glück und deine Ängste [...] und alles, was du liebst.«[2]

Die unspezifische Genauigkeit der Psalmen

Für die Psalmen der Bibel gilt, wofür die Lyrikerin Hilde Domin gute Gedichte rühmte: ihre »unspezifische Genauigkeit«. Denn auch die Psalmen sind durch eine eigentümliche Offenheit und Exaktheit gekennzeichnet, die es uns möglich machen, in sie einzutauchen.

Sie sind offen und ungenau genug, um sie mit unserer eigenen Vorstellungskraft, unseren inneren Bildern zu füllen. Und sie sind exakt genug, um uns in ihren Worten erkannt und gespiegelt zu fühlen, mit unserer Freude, Dankbarkeit, Angst oder Wut. Kein menschliches Gefühl ist den Psalmen fremd, kein Abgrund zu tief, um nicht in ihn hineinzusehen. Das kann auch verstören. Für unsere christlich geprägte Gefühlswelt werden gerade die Psalmen, in denen sich Wut und Hassgefühle artikulieren, oft zum Stolperstein. Davon zeugen z. B. die bereinigten Psalmen im Evangelischen Gesangbuch. Sie sind just um solche Passagen gekürzt worden. Manche der Psalmen fehlen sogar ganz, in denen Rache- und Gewaltwünsche zur Sprache kommen.

Dabei zielt der Wunsch nach Rache in der Bibel auf die Wiederherstellung von Gerechtigkeit! Auf die eigene Rache zu verzichten, aber den Wunsch nach Gerechtigkeit dennoch nicht aufzugeben, bedeutet biblisch, die Rache Gott anheimzustellen. Das kann ermöglichen, was sich auch Psychotherapien zu eigen machen: schlimme Erfahrungen ernst zu nehmen und zu verarbeiten und dabei dem Verdrängten, Unterdrückten, seine zerstörerische Macht zu nehmen. Dahinter steht die Einsicht: Was ich denken und im geschützten Rahmen aussprechen darf, das muss ich nicht tun. Davon kann ich wieder Abstand nehmen.

Darum darf ich meinen Feinden, wie es in manchem Psalm geschieht, Schlimmes wünschen, und zugleich lasse ich es ganz bei Gott, was er aus diesem Wunsch macht. Ich kann dann erleben, wie sich meine Gefühle fast im selben Atemzug ändern können. Wie meine Stimmung wechselt, ohne dass ich immer erklären könnte, was genau den Wandel gebracht hat.

In den Psalmen dürfen die Beterinnen und Beter alles, aber auch alles vor Gott bringen. Erfahrungen von Gewalt, Wut- und Rachewünsche gehören dazu. Sie müssen zu Wort kommen können, damit sie gerade nicht das letzte Wort behalten.

Darum ist es wichtig, dass wir uns beim Lesen der Psalmen nicht um das Moment des Fremdelns bringen. Ich glaube: gerade die irritierenden Passagen in den Psalmen, die von Angst und Zorn handeln, eröffnen Neues und helfen, dass sich eigene destruktive und bedrohliche Gefühle wandeln können.

In den Psalmen ist alles erlaubt

In den Psalmen der Bibel dürfen die Betenden alles. Kein Gefühl oder Gedanke, der nicht vor Gott ausgesprochen werden darf. Selbst die mitunter dunklen, beunruhigenden Empfindungen wie Angst und Wut, die mancher von uns am liebsten gar nicht erst spürte. Auch sie kommen in den Gebeten Israels zur Sprache, damit sie gerade nicht das letzte Wort behalten. Damit am Ende auch die Hoffnung und das Lob Gottes Raum bekommen.

So wie im 22. Psalm, in dem sich der Betende zu Beginn gänzlich von Gott verlassen fühlt und niemanden sieht, der ihm in seiner Not beisteht. Der betet: »Mein Gott, mein Gott, warum hast du mich verlassen? Ich schreie, aber meine Hilfe ist ferne.« (Vers 2)

Dann folgen bedrückende Beschreibungen seines Elends und des Gefühls größter Bedrohung. Trotzdem wird am Ende dieses Psalms ein Lobpreis stehen, in dem der Beter Gott rühmt als einen, der hört und der seine Versprechen hält. Der das Elend des Armen nicht verachtet und der sein Antlitz nicht vor ihm verborgen hält.

Ich glaube: Das ist es, was biblische Hoffnung von Zweck-Optimismus unterscheidet:

Biblische Hoffnung kann auch der Wut über Unrecht und Ungerechtigkeit, und auch dem Gefühl größter Gottverlassenheit Ausdruck verleihen. Die Hoffnung der Psalmen redet nichts schön oder klein, was nicht gut war und auch nicht gut werden wird.

So behalten in den Psalmen auch Schmerz, Einsamkeit, Not und Angst ihren Platz.

Ich glaube, das ist einer der Gründe dafür, warum die Psalmen bis heute nicht nur im Gottesdienst der Synagogen, Klöster und Kirchen, sondern auch im Privaten gebetet werden. Warum sich auch Menschen, die sich gar nicht als besonders fromm empfinden, von ihnen angezogen und verstanden fühlen.

Weil die Psalmen vom Leben in seiner ganzen Fülle berichten und auch das Schwere und Beängstigende nicht verschweigen. Dabei können sie mitunter im selben Atemzug erzählen von Errettung aus tiefster Not und von intensiver Dankbarkeit. Vom Glück überwundener Schrecken und von Geborgenheit. So wie es der Beter von Psalm 23 für sich beschreibt: »Und ob ich schon wanderte im finstern Tal, fürchte ich kein Unglück; denn Du bist bei mir« (Psalm 23,4).

Findet euern eigenen Psalm!

»Findet euern eigenen Psalm. Das ist eine Lebensaufgabe.«[3] Dieser Überzeugung war die evangelische Theologin Dorothee Sölle, die empfahl, täglich mindestens einen Psalm zu lesen und sich in dessen dichte und häufig wechselhafte Gefühlswelt mit allem hineinzugeben, was einen gerade beschäftigt. Mit dem, was mich freut, dankbar oder traurig stimmt, und auch mit dem, was mich staunen, fragen und zweifeln lässt. Dabei können wir erfahren, wie manche der Psalmen unmittelbar zu uns sprechen:

»Von allen Seiten umgibst du mich und hältst deine Hand über mir«, wie es in Psalm 139 (Vers 5) heißt und dort in lyrischer Sprache ausgeführt wird: »Nähme ich Flügel der Morgenröte und bliebe am äußersten Meer, so würde auch dort deine Hand mich führen und deine Rechte mich halten.« (Vers 9–10)

Oder das Gefühl von Geborgenheit, das mich durchströmen kann, wenn ich mit den Worten aus Psalm 23 bete: »Gutes und Barmherzigkeit werden mir folgen mein Leben lang, und ich werde bleiben im Hause des HERRN immerdar.« (Psalm 23,6)

Andere werden ihre eigenen, ganz anderen Lieblingspsalmen haben oder noch entdecken. Den einen Psalm, der jeden in gleicher Weise anspricht, gibt es wohl nicht. Dafür sind wir Menschen und auch unsere Lebenssituationen zu verschieden. Doch für jeden, der danach sucht, kann es jenen einen Psalm geben, der in besonderer, einzigartiger Weise zu uns spricht und uns durchs Leben begleitet.

So beschreibt es Martin Luther für sich, der von seinem eigenen Lieblingspsalm sogar wie von einem geliebten Menschen spricht und sich hoch emotional zu ihm bekennt: »Denn es ist mein Psalm, den ich liebhabe«, offenbart er, Psalm 118 im Blick.

»Obwohl der ganze Psalter und die Heilige Schrift im Ganzen […] mir auch lieb sind, bin ich doch besonders an diesen Psalm geraten, dass er der meine heißen und sein muss. Denn er hat sich auch gar oft redlich um mich verdient gemacht und mir aus manchen großen Nöten geholfen, wo mir sonst kein Kaiser und keine Könige, Weisen, Klugen oder Heiligen hätten helfen können […]«[4]

Soweit Martin Luther. Für uns selbst wird es vielleicht nie ein ganzer Psalm werden, den wir einmal als den unsrigen bekennen. Aber schon ein einzelner Vers kann mich in besonderer Weise begleiten, trösten und erbauen. So wie dieser: »Dein Wort, Gott, ist meines Fußes Leuchte und ein Licht auf meinem Wege.« (Psalm 119,105)

Alte Psalmen und Gedichte der Gegenwart

Exakt 150 Gebete und Lieder, ziemlich genau in der Mitte der Bibel: das Buch der Psalmen – das ist Weisheitsliteratur aus mehreren Jahrhunderten. Darin findet jede menschliche Stimmung ihren Niederschlag.

Im Hebräischen heißt der Psalter »Tehillim«, das bedeutet so viel wie »Preisungen«. Tatsächlich aber beinhaltet er weit mehr als diese. Auch Klagen sind in ihm enthalten. Also auch sie – lerne ich – können ein Lob Gottes sein. Ich glaube: In diesem erstaunlichen Befund spiegelt sich die Weisheit wider, dass auch unser Klagen Gott preisen kann, weil auch die Klage ein Zeichen von Vertrauen und einer starken, gewachsenen Beziehung ist. Gott zu loben und zu danken, wenn es uns gut geht, fällt vielen nicht allzu schwer. Doch auch dann mit ihm im Gespräch zu bleiben, wenn wir hadern und zweifeln?!

Dann wird die Klage zum Zeichen von Vertrauen und einer starken, gewachsenen Beziehung, die Gott mindestens ebenso die Ehre gibt wie ein fröhliches Loblied in guten Tagen.

Doch selbst wenn den Psalmen nichts Menschliches fremd ist, ist uns ihre Sprache nicht immer unbedingt vertraut. Schließlich spricht das, was wir dort lesen, über den Graben von rund zweieinhalbtausend Jahren Geschichte zu uns. Wortbedeutungen und Lebensgefühle haben sich seither mehrfach verändert. Wir müssen sie in unsere Lebenswelt und unser Lebensgefühl übertragen. Um sie mir zu erschließen, hilft mir, neben den Psalmen Gedichte zu lesen. Gedichte der Gegenwart, in denen Menschen unserer Tage Worte finden, um ihren Gefühlen und Stimmungen Ausdruck zu verleihen. Auch profane Gedichte können dann für mich zu Psalmen, zu Lobgesängen, werden, selbst wenn der Verfasser dies nicht beabsichtigt hat. Der polnische Dichter Zbigniew Herbert konnte sogar beides: Psalmen und moderne Gedichte schreiben, die mir fühlen helfen, wie Gott heute zu preisen ist:

Aus dem »Brevier. Kleinkram«

»Herr, ich danke Dir für die kleinen täglichen Probleme, die kleinen Sorgen, die Unordnung, die sich vom Ding in den Geist schleicht, vor der man sich schützen muss […]
Ich danke Dir – dass Du meine Welt aus Fäden, Bändern, Knöpfen, Kurzwaren, gewöhnlichen Ideen geschaffen hast und ich – trotzdem oder gerade deshalb – in diesen Kleinigkeiten Dein Antlitz erblickte Brevier.«[5]

Anmerkungen

1 Sölle, Dorothee: Erinnert euch an den Regenbogen. Texte, die den Himmel auf Erden suchen (2. Aufl.). Freiburg i. Br. 2000, S. 182.
2 Sölle 2000, S. 182 f.
3 Sölle 2000, S. 182.
4 Martin Luther: Das schöne Confitemini, Calwer Luther-Ausgabe Bd. 7, München/Hamburg 1967, S. 67 f.
5 Herbert Zbigniew, Brevier. Kleinkram, zitiert nach Clara Paul (Hg.): Der Tag war so glücklich: Geschichten und Gedichte des Dankes. Berlin 2018, S. 17–18.

3 Mittagsstunde

Friedemann Magaard
Pastor in Husum

Mittagsstunde

In dem Dörfchen Brinkebüll zählt die Mittagsstunde noch etwas. Ein ungeschriebenes Gesetz, alle wissen, was gilt: Mittags ruht man.

Ich kenne das noch gut. Ich bin zwar nicht auf dem Dorf aufgewachsen, sondern in einer Kleinstadt. Aber auch mir wäre es als Kind nie, wirklich niemals eingefallen, mittags an der Haustür eines Freundes zu klingeln oder dort anzurufen. Damals, das muss man den Jungen ja erklären, gab es nur ein einziges Telefon im Haus, und das stand üblicherweise auf dem Flur. Gut, weil es so am besten zu hören war. Schlecht aber in der Mittagszeit. Telefonate zwischen eins und drei waren keine Option. Sehr gelegentliche Ausnahmen wurden mit hochgezogenen Augenbrauen und spitzen Kommentaren quittiert und bestärkten so am Ende nur die Regel der Mittagsstundenruhe.

Keinerlei Erklärung braucht diese Regel in Brinkebüll, einem erdachten Dorf irgendwo im hohen Norden, zwischen Klixbüll und Tetenbüll und Sönnebüll. Die Schriftstellerin Dörte Hansen lässt in ihrem Roman »Mittagsstunde« den Strom der Zeit über Brinkebüll hinwegziehen. So wie die Flurbereinigung in die Landschaft eingreift und Felder wie Wege auf Linie bringt, so schwappt die neue Zeit in das Dorfleben von Brinkebüll. Liebgewordenes verschwindet ebenso wie Verkrustetes. Manches aber bleibt bestehen:

Dass die Menschen von Brinkebüll mittags ihre Arbeit unterbrechen, das steht nicht zur Diskussion. Nach dem Essen geht es auf das Sofa, und das Dorf versinkt in eine bleierne Schwere.

Beim Lesen von »Mittagsstunde« schlüpfte ich mühelos in die Zeit meiner Kindheit. Und ich bekenne eine Spur Wehmut, wenn ich mich an die kollektive Auszeit zu Mittag erinnere. Mittagsstunden sind ein höchst bedrohtes Kulturgut. Sie erinnern daran, dass Leben mehr ist als permanentes Funktionieren. Es geht um Ein- und Ausatmen. Um Tatkraft und Auszeit. Nicht nur die Arbeitswoche wird unterbrochen durch freie Tage, auch ein jeder Tag braucht einen Rhythmus von Anspannen und Loslassen. Die Gebetszeiten in den Klöstern wissen davon: Die Arbeit wird unterbrochen durch eine zweckfreie Zeit, Zeit für mich und Zeit für Gott. Und dann geht es wieder weiter, mit neuem Schwung.

Hat mein Tag heute eine Auszeit für mich parat? Was muss ich tun, damit ich Zeit für mich habe? Eine halbe Stunde nur würde reichen. Und was fange ich damit an, mit meiner ganz persönlichen Mittagsstunde?

An der Friedhofsmauer

Pastor Ahlers hat es nicht leicht in seiner Brinkebüller Gemeinde. Irgendwo in Nordfriesland ereignen sich die Geschichten des Romans »Mittagsstunde« von Dörte Hansen. Das Dorf ist ausgedacht, und dabei vielleicht gerade typisch, nicht nur für Norddeutschland. Mit dabei und doch eher am Rande Pastor Ahlers. Einer, den man vielleicht mal aufzieht, aber nicht unbedingt besonders ernst nimmt. Außer an Heiligabend spricht er eher vor leeren Bänken, und seine Brinkebüller sind grund-störrisch. Wie Schafe mit imprägniertem Fell. Nichts Geistliches dringt da durch. Pastor Ahlers predigt scheinbar auf verlorenem Posten. Er kommt kaum auf die Kanzel, so sehr schmerzen ihn seine Füße. Noch schmerzhafter ist da nur seine gleichgültige Gemeinde, die ihm nicht zuhört.

Zur Hochform läuft er aber am Rande des Friedhofs auf. An der Friedhofsmauer setzt Pastor Ahlers regelmäßig Getier bei: die drei

Jungstörche, die den verregneten Juni nicht überlebt haben, und natürlich die Hamster und Wellensittiche, die die Kinder zu ihm bringen, ehe die Eltern die toten Tiere auf den Misthaufen werfen können. Manch halbverweste Maus ist dabei, und Pastor Ahlers atmet widerwillig durch den Mund, damit es geht. Dass er den Kindern bei der Gelegenheit gleich das Vaterunser beibringt und »Befiehl du deine Wege«[1], kommt ihm gut zupass. Am Haustier üben die Kinder den Ernstfall. Selten, so heißt es in »Mittagsstunde«, »selten wurde bei Bestattungen in Brinkebüll so fromm gebetet und so tief getrauert wie bei den Haustierbeisetzungen an der Friedhofsmauer«.[2]

Die geschäftigen Erwachsenen bekommen gar nicht mit, was hier im Stillen erlernt wird und wie die Kinderherzen gebildet werden. Ein jedes Wesen erhält seinen Ruheort. Gottes Segensbogen gilt doch nicht nur der vermeintlichen Schöpfungskrone, dem Menschen. Die Kinder üben sich in der Achtung vor den Geschöpfen und vor dem Schöpfer, und der Pastor erfährt Respekt als Meister der würdevollen Zeremonie. Ich liebe diese wundervolle Miniatur dort im Schatten der Friedhofsmauer.

Nachdenklich lese ich, was früher schon Kinder erlernt haben. In der Familie oder an der gestorbenen Hauskatze. Heute dagegen sind viele tief verunsichert, wenn ein Mensch stirbt. Können auf nichts zurückgreifen, was wir sagen könnten am Totenbett. Oder wann es auch mal besser ist zu schweigen. Was ich tue und was ich lasse, wenn ich einem Leichenzug begegne, auf dem Friedhof oder sogar in der Stadt. Ich finde: Das Vaterunser und eine Strophe »Befiehl du deine Wege« sind da schon mal ein prima Anfang, im Leben zu bestehen.

Marret Ünnergang

So manchen Beinamen muss man sich hart verdienen. Gerade auf dem Dorf wird einem schnell mal ein Spitzname verpasst, und der hält dann lange vor. In Brinkebüll, dem fiktiven nordfriesischen Dorf in dem Dörte Hansens »Mittagsstunde« spielt, da bekommen fast alle ihren Beinamen weg. Von Heiko Jaulnicht wissen alle, wie schlimm ihn sein Vater verprügelt. Heiko beißt die Zähne tapfer zusammen, wenn es wieder soweit ist. Und so heißt er im Dorf »Jaulnicht«. Besonders treffend aber klingt es bei Marret Feddersen, Krögerstochter und mehr als wunderlich, in ihren weißen Klapperlatschen sommers wie winters, nicht ganz von dieser Welt irgendwie, und deren Ende unermüdlich erwartend. Marret Ünnergang wird sie genannt, und alle wissen Bescheid. »Das Ende ist nahe«, das ist ihr Thema, aber wer will das schon hören?

Ab und an verschwindet Marret. Taucht unter, in der Mittagsstunde, oder sonst, wenn keiner aufpasst, wird plötzlich unsichtbar, zwischen Weiden und an Wasserläufen, irgendwo draußen. Musst nicht suchen, die findest du eh nicht mehr. Es ist wie ein Korridor zu einer Zwischenwelt, der sich Marret auftut, und dann sammelt sie Federn, liest halbverweste Mäuse auf, und spricht mit wem auch immer, versunken in einer anderen Welt.

Sie gehört zu den Verdrehten, den Wunderlichen, die es wohl in jedem Dorf gibt und in den Städten auch. Nur dass sie im Dorf besser gelitten sind, wie die Schriftstellerin Dörte Hansen schreibt: »Man nahm sie hin wie Löcher in den Straßen oder das eine unberechenbare Rind, das es in jedem Kuhstall gab. Man kannte sie und hielt ein bisschen Abstand.«[3] Sie gehören mit dazu, unter Augenrollen vielleicht und ohne, dass sie verstanden werden, aber es geht doch. Anders als in den Städten, wo solche wie Marret in den Fußgängerzonen stranden oder in einer geschlossenen Klinik.

Das Ende der Welt vor Augen, tanzt sie stets und ständig nahe am Abgrund. Am Ende geht sie einfach so, verschwindet ein letztes Mal. Wann genau eigentlich? Keine Ahnung. Aber sie fehlt.

Mit wem sie da sang im Ostwind? Mit welchem Unsichtbaren tanzte sie Pirouetten im Gasthof, beim Servieren? In wessen Arme entfloh sie dann am Ende? Selig sind die Sanften, die Unverstandenen. Selig die Verdrehten. Das Himmelreich gehört ihnen.

Flurbereinigung

Zeitenwende – so muss man das wohl nennen, wofür die Flurbereinigung in den ländlichen Räumen landauf, landab steht. Unwiederbringlich endet die Zeit der kleinen Familienbetriebe, das beschauliche und oft auch kümmerliche Leben des Landmanns. Nachzulesen in dem Roman »Mittagsstunde« von Dörte Hansen.

Forsche Ingenieure aus der großen Stadt regeln das Geschäft der Flurbereinigung, vermessen die Äcker, berechnen die Ausgleichswerte, und fortan wird die Landwirtschaft vor allem eines: Effizient. Schnurstrackse Straßen, abgehobelte Landstriche. Die Knicks verschwinden, damit gewaltige Landmaschinen optimal ihre Bahnen ziehen können. Das Kleine muss weichen, das Schiefe wird schnittig begradigt.

Dass der Lauf der Zeit auch an Brinkebüll nicht vorbeiziehen würde, dass auch Brinkebüll, das Dorf aus der Feder von Dörte Hansen, irgendwo im Norden auf dem Sandboden der Nordfriesischen Geest, flurbereinigt würde, das war doch klar. Und so nimmt keiner Anstoß daran, als es soweit ist. Nur einer konnte die Zeichen lesen. Das war doch eh seine Passion, die Zeichen der Zeiten, für Lehrer Steensen, Hobbyarchäologe und Spezialist für die Brinkebüller Frühgeschichte. Unermüdlich sieht man ihn durch die Felder staksen wie ein Rabentier, den Kopf gesenkt, immer auf der Suche nach Scherben und Faustkeilen. Steensen, der die Zeugen der Vorzeit erkennen kann, erkennt als Einziger in dem Werk der Baumaschinen ein Frevelwerk, das die Landschaft glattschleift und flachhobelt. »Die Flur bereinigen«, lässt Dörte Hansen den Lehrer sinnieren …

… »die Flur bereinigen, als wäre sie verdreckt, als wäre sie ein Fehler oder eine Schuld! Die alten Felder, Bäche, Trampelpfade korrigieren und begradigen, […] Findlinge beiseiteschieben, die seit der […] Eiszeit hier gelegen hatten […] Man musste Gletscher sein, um das zu dürfen!«[4]

Mir kommt Lehrer Steensen wie ein friesischer Don Quijote vor, der gegen gewaltige Planierraupen ankämpft, vergeblich, aber unermüdlich.

Doch der Fortschritt lässt sich auch in Brinkebüll nicht aufhalten, und auf den uniformiert begradigten Straßen ziehen fortan Sattelschlepper ihre tonnenschwere Last. Maschinen übernehmen die Hauptarbeit, und die vielen Landarbeiter brauchen neue Jobs in der Stadt.

Brinkebüll wird Schlafdorf, wie so viele andere Dörfer. Und Schlafdörfer kennen keinen Mittagsschlaf. Pendler stehen die Arbeit in der Stadt und ohne Sofa durch. Die neue Zeit schleift die Landschaften ab und schmirgelt die Mittagsstunde weg. Unruhig ist meine Seele, Gott. Wo bleiben die Ruhezeiten, die müden und die diskreten Stunden? Schenke Du mir nutzlose Zeit, zum Spielen, zum Lieben und Beten. Kreuz und quer, wie es zu dir passt, Gott.

Weil Gerechtigkeit von Rechnen kommt

Ein Kneipensaal auf dem Dorf, da siehst Du wie unter einem Brennglas das ganze Leben. Junges Eheglück und nach siebzig Jahren die Gnadenhochzeit. Konfirmationsfeier und Beerdigungskaffee. Familienbande und verstohlene Blicke beim Schützenball. Zumindest im deutlich in die Jahre gekommenen Gasthof von Brinkebüll, von der Schriftstellerin Dörte Hansen zum Spielplatz ihres Romans »Mittagsstunde« erkoren, zumindest in diesem Festsaal feudelt man nach großen Gesellschaften unweigerlich die mindestens ebenso großen Lebensthemen auf: Schuld und Gnade, Treue und Verrat.

Der Kröger Sönke Feddersen selbst hat jedenfalls alles gesehen, nichts Menschliches ist ihm fremd. Mancher schüttete ihm das Herz aus, beim vierten Bier. Der Kröger ist verschwiegen, vor allem das.

Nur mit dem Vergeben hat er es nicht so. Im Kleinen wie im Großen. Er selbst hat den Krieg überlebt und den ewigen Winter in sowjetischer Kriegsgefangenschaft. Sein Gott, der ihn da herausgeführt hat, ist ein kühler Buchhalter, sagt er. Weil Gerechtigkeit doch von

Rechnen kommt und Schuld von Schulden, meint Sönke, der selbst oft mal anschreibt, aber nur ungern einen ausgibt. Besonders freundlich oder gnädig war sein Gott nicht zu ihm, aber eben gerecht und darin verlässlich. Die vier erschossenen Rotarmisten bezahlte Sönke mit vier abgefrorenen Fußzehen. Die beiden Partisanen, die er auf dem Gewissen hat, kosten tausend Tage Lager, Hunger, Schmerzen und Todesangst.

Doch die Rechnung sollte man am Ende niemals ohne den Wirt machen, in diesem Fall der irdische Wirt Sönke Feddersen nicht ohne den himmlischen Buchhalter. Dass Sönke seine Frau in Nachkriegszeiten nie mehr ganz für sich hatte, dafür aber ein wunderliches Kuckuckskind, wofür musste er denn noch alles zahlen?

Den Kröger Sönke im Roman »Mittagsstunde« hat das Leben ganz schön hart gemacht. Leistung und Lohn, Wert und Preis, das war sein Wertesystem. Geschenkt wird einem nichts, genau wie im Kroog.

Ein Kneipensaal wie ein Brennglas. Gnadenlos kann es zugehen, oder am Ende gibt es das doch: Ein Hauptpreis bei der Tombola, eine Liebe, die alles verändert. Oder Sönkes Enkel, der passt in keine Bilanztabellen. Der kam auf anstrengend schiefe Weise, ohne Vater und die Mutter überfordert, und wurde den Großeltern dann doch ein großes Glück. Der die Geschicke des Lebens lenkt, kann offenbar doch mehr als nur Buchhaltung.

Nach Hause kommen

Ingwer Feddersen ist dem Dorf entkommen, scheint es. Als Kind fängt er das Lesen an, dann der Schulbus zum Gymnasium in die Stadt, dem Dorf geht er damit unweigerlich verloren.

Ingwer Feddersen habe ich im Roman »Mittagsstunde« von Dörte Hansen kennengelernt. Mit seinen Augen sehe ich den Brinkebüller Gasthof, sein Elternhaus. Ich lerne Ingwers Großeltern kennen, Sönke und Ella, stackelig alle beide, ohne seine Hilfe kann es nicht mehr gehen. Ingwer verlässt für eine Zeit die Uni, in der er lehrt und forscht, die Wohngemeinschaft, die große Stadt. In ihr hatte er eh nicht recht

Fuß gefasst. Heimatlos geblieben auch nach Jahren. Zurück in Brinkebüll stößt Ingwer nochmal auf die alten Geschichten.

Doch das Brinkebüll der Kindertage hat sich längst verändert. Und wo nicht, da ist es fremd geworden. Vergilbt die Fassade, brüchig nicht nur der Asphalt. Die Jungen haben sich davon gemacht, wie Ingwer damals, und die Alten harken die Vorgärten, so gut es noch geht. Einige Großstädter halten sich an ein vergangenes Idyll und ziehen Ziegen, wofür auch immer. Die Eingesessenen machen Platz. Pastor Ahlers hat ausgepredigt, er zieht im Ruhestand ins Lehrerhaus, nachdem Lehrer Steensen als Pensionär in die Stadt gegangen ist. Jeder sucht sein Altenteil. Die junge Pastorin, die mit Mann und Kind ins Pastorat zieht, wiegt in Dörte Hansens Roman nur einen Nebensatz schwer, sie hat weder Namen noch ein Gesicht. Die Zukunft hat noch kein Wort.

Ingwer Feddersen ist vielen erstaunlich vertraut. So wie er auszieht, die Welt zu entdecken. Zu erobern, vielleicht sogar. Der aber niemals ankommt. Und der deshalb zurückmuss. Zu klären hat er was, verstehen muss er. Seinen Frieden schließen, das versucht er irgendwie.

Mich erwischt eine Sehnsucht nach einem Ort, der ganz nahe bei meiner Kindheit liegen muss. Ein Sehnsuchtsort, wo ich mich sicher auskenne, auch mit dem, was zwischen den Zeilen gilt. An Ingwer lerne ich: Es ist richtig harte Arbeit, will ich der eigenen Herkunft begegnen.

Einfach nur zurück, auf den Schoß meiner Mutter klettern: das schiene mir letztlich das Bildwort für das letzte große Nachhausekommen. Für die himmlische Heimat. Die darf gerne noch ein wenig warten. So lange bleibe ich eben noch weiter unterwegs. Keine bleibende Statt, auf der Suche nach der zukünftigen.

Anmerkungen

1 Paul Gerhardt, »Befiehl du deine Wege« (Evangelisches Gesangbuch Nr. 361).
2 Dörte Hansen: Mittagsstunde (8. Aufl.). München 2018, S. 42.
3 Hansen 2018, S. 36.
4 Hansen 2018, S. 67.

4 Zuversicht! Sieben Wochen ohne Pessimismus

Henning Kiene
Pastor in Ahlbeck und Zirchow auf Usedom

Wenn nachts die Gedanken kreisen

»Plötzlich war die Nacht zu Ende«, sagte er, »es ist gerade mal 4.30 Uhr und ich liege da, hellwach, und die Gedanken kreisen: Kleine Probleme machen sich riesig und alles, was gut ist, schrumpft zusammen.« Wochenlang sei das so gewesen, und besonders oft in der Nacht zum Montag. Es war so, als kreiselten alle Gedanken wie in einem Wirbel. »Dann schlief ich erst wieder ein, kurz bevor der Wecker klingelte.« Am Frühstückstisch saß er wie gerädert, der Schatten der Nacht trübte den Tag ein. Seine Ärztin habe ihm gesagt, er sei körperlich gesund. Es sei alles nur eine »Episode«. Tabletten wollte er nicht nehmen.

Als er dann wieder einmal mitten in der Nacht aufwacht, fängt er an, seinem Atem nachzulauschen. Sein Einatmen und Ausatmen sind regelmäßig, das beruhigt. Er folgt diesem Rhythmus, und er kommt zur Ruhe.

Irgendwann denkt er an früher, an seine Mutter, an die Gebete, die sie mit ihm am Kinderbett sprach. »Ich machte das mal probeweise«, sagt er verlegen. »Vater unser im Himmel«. Die Worte verhallen bei den ersten Versuchen. Es kommt nichts zurück. Dann aber nimmt er den Atem zur Hilfe. »Vater unser im Himmel«. Einatmen. Ausatmen. »Geheiligt werde dein Name«. Einatmen. Ausatmen. Er spürt eine uralte Kraft, die sich durch die Worte hindurch entfaltet. Er wacht morgens deutlich frischer auf.

Er erinnert sich an andere Gebete. Ein Vers aus der Konfirmandenzeit, lange ist das her. »Der Herr ist mein Hirte, mir wird nichts mangeln« (Psalm 23,1), auch dieses Gebet fügt sich in den Rhythmus des Atems ein. »Das ist jüdisch-christliche Tradition«, denkt er. Morgens sitzt er nun erholter am Frühstückstisch.

»Was wäre, wenn ich das meinen Kollegen oder beim Fußball erzählen würde?«, fragt er. »Behalten Sie Ihr Geheimnis lieber für sich, es gehört nur Ihnen«, rate ich ihm, »aber Ihre neue Zuversicht geben Sie bitte weiter, die brauchen die anderen jetzt dringender denn je.«

Es pilgert sich leichter mit wenig Gepäck

Oben auf der ersten Stufe zu unserer Kirche in Zirchow sitzt ein Mann. Rucksack und Trinkflache stehen neben ihm. Seine Füße stecken in großen Wanderschuhen. Seine Jacke ist noch neu. In der Kirche sei es sicherlich zu kalt, aber »hier in der Frühlingssonne ist es herrlich«, sagt er. Er ist auf dem Pilgerweg, wandert auf der sogenannten Via Baltica. Dieser Pilgerweg führt nach Osnabrück, von dort geht es dann Richtung Santiago de Compostela. Das sei aber nicht sein Ziel, noch nicht. Er pilgere versuchsweise, nutze seinen Urlaub für diese Wanderung. Seine Familie verzichte auf ihn und die gemeinsame Zeit. »Ich möchte einmal mit weniger Sachen zurechtkommen.«

Dann erzählt er von Zuhause, seiner Frau, den Kindern. Sie wohnen schön, haben viel Platz, alte Möbel, er habe auch ein tolles Auto. »Dienstwagen«, strahlt er. Beruflich gehe es ihm sehr gut. Und: Sie sind alle gesund, »hoffentlich«. Aber er spüre eine Furcht. »Es scheint immer alles so selbstverständlich, auch unser persönliches Glück. Aber das ist es nicht.« Ich sehe sein Grübeln. Es ist, als zögen Sorgen auf.

»Ich spüre, beim Pilgern verschiebt sich alles,« sagt er. Dann schwärmt er vom Frühling, den Knospen und ersten Blüten, von der schlichten Herberge der letzten Nacht, es sei einfach und schön, und das lange Schweigen zwischendurch eine Wohltat. Die ungewohnte Bewegung strenge ihn kaum an, das helle Licht und mancher Regenschauer machten ihm nichts aus. »Das Büro, die Arbeit, alles ist seit Tagen weit weg. Hier habe ich keine Angst, von meinem Glück könnte etwas verloren gehen«, sagt er.

»Sorgt nicht für morgen, denn der morgige Tag wird für das Seine sorgen. Es ist genug, dass jeder Tag seine eigene Plage hat« (Matthäus 6,34), ich denke an diesen Satz von Jesus. Ein Satz für Pilgertage. Der steht in der Bergpredigt. »›Sorgt nicht‹, das stimmt,« antwortet er. »Es zählen sowieso nur noch Vertrauen und Optimismus.«

»Selbst in dem wenigen Gepäck war immer noch zu viel. Das habe ich jetzt verschenkt. Dann habe ich meiner Frau eine SMS mit dem Foto von meinem noch kleineren Gepäck geschickt. Sie hat mit einem Smiley geantwortet.« Er lässt den Rucksack auf seine Schultern gleiten und wandert mit großen Schritten weiter.

Durch Fasten Richtung Paradies

Als Student habe ich eine Fastenzeit auf Kreta erlebt. Man sagte mir, das Fasten sei hier besonders streng, ob ich mitmachen wolle. Ich sagte »Ja, gerne faste ich mit euch.« Ich genoss schließlich die legendäre griechische Gastfreundschaft.

Die Speisen veränderten sich von Tag zu Tag, Fleisch verschwand ganz, und in der Woche vor dem Osterfest wurde das Essen dann sehr einfach. Aber was in den einzelnen Fastenwochen auf den Tisch kam, war besonders köstlich zubereitet. Kräuter, Gemüse, Kartoffeln, alles frisch gewürzt, vieles kam direkt aus dem Frühlingsgarten in die Küche. Die grünen Kräuter waren knackig, und ich erinnere mich an die Farben. Mir läuft noch heute das Wasser im Munde zusammen. Und die in Knoblauch und an Walnüssen gebratenen Auberginen habe ich später gerne nachgekocht.

Meine Fastenzeit auf Kreta war eine Zeit voller neuer und unbekannter Genüsse. Das Fleisch fehlte mir nicht. »Fasten ist keine Frage der Quantität, sondern der Qualität«, meinte ein Theologe, als ich sagte, dass ich diese Fastenzeit sogar genieße. Fasten, sagte er, erinnere an den Paradiesgarten, an die erlaubten Früchte, und an die Zeit, in der alles noch völlig ungetrübt war.

Dieses Fasten wirkte auf mich wie ein Protest. Er richtete sich gegen das, was man für ganz selbstverständlich hält. Selbst die Uhrzeiten, zu denen es Essen gab, verschoben gefügte Tagesabläufe. Und die Gebetsglocken läuteten und riefen häufiger in die Kirche.

Ich ahnte, hier geht es um etwas Ursprüngliches. Wer fastet tritt, wie Jesus es tat, vierzig Tage in einen Aufstand ein, der sich wehrt gegen all die kleinen und großen falschen Gewohnheiten. Fasten gibt sich mit dem eingeschlichenen Übel nicht zufrieden.

Die Vorstellung, dass man in der Fastenzeit dem Paradiesgarten näherkommt, gefällt mir noch immer. Man nähert sich seiner ursprünglichen Bestimmung an.

Wir haben wieder Fastenzeit. Es ist jetzt Zeit für all das Gute, auf dem Teller und im Leben. Wer fastet, erobert sich etwas vom verlorenen Paradies zurück.

Das Schweigen des Großvaters

»Dass Schweigen mir guttut, habe ich mühsam gelernt,« erzählt er. »Schweigen begann mit meinem Großvater. Immer, wenn ich fragte: »Opa, erzähl mal von früher«, bekam ich ausweichende Antworten. »Es war Nazizeit, es war Krieg, ich war Soldat«, sagte Großvater. Auf Nachfragen brummelte er: »War alles nicht schön.« Dann wurde er still, schwieg lange, ich hörte das Ticken der Standuhr, hätte gerne etwas gesagt. Meine Zunge aber war zu schwer. Ich schwieg, war ja noch ein Kind. Das war nicht der Opa, den ich kannte, der gerne lachte und Oma schnell im Vorbeigehen küsste.

»Dieses Schweigen war wie Blei, wir trugen in unserer ganzen Familie schwer daran«, erinnert er sich, »aber selbst darüber herrschte Schweigen.«

Es gibt ein bedrohliches Schweigen. In dem tut sich ein Abgrund auf. Dieses Schweigen kann alles verderben.

Eines Tages trägt der Opa dann ein dickes Album mit sich. Er legt es auf den Tisch. »Du sollst es lesen«, murmelt er. »Ich habe es gelesen, später unzählige Mal«, erzählt der Enkel, der nun kein Kind mehr ist. »Es waren Bilder aus Opas Jugend, Fotos und kurze, präzise Texte, Ortsangaben, Daten vom Reichsarbeitsdienst, aus dem Krieg. Opa war Fernmelder, sie zogen Kabel, und man sieht einen Wagen voller Technik.« Dann: In Russland brennen Hütten, Zivilisten fliehen, Pferdewagen auf eisigen Wegen, und es wird von Seite zu Seite schlimmer: Tote Pferde im Graben, aufgedunsen, kaputte Autos. »Rückzug«, schreibt er.

»Er saß neben mir, bis ich es durchgelesen hatte. Er schwieg, sah zu, auch dann noch, als die ganze Familie sein Buch las«, erinnert sich der Enkel. »Dieses Schweigen war anders. Es tat uns gut. Er verzichtete auf jede Rechtfertigung. Und ich habe ihn nicht angeklagt. Da habe ich gelernt, wie gut Schweigen ist.«

Das ist das andere Schweigen, das öffnet der Seele einen Raum zum Leben. Es kennt die Abgründe und drängt die Schuld nicht bei Seite. Dieses Schweigen ist voller Demut, es lässt Platz für Gottes Urteil, denn nur er richtet über Lebende und Tote.

»Da wusste ich endlich, dass Schweigen nicht nur Last ist, es gibt auch ein gutes Schweigen«, sagt er. Sein Großvater starb wenige Jahre später. Das Album bewahrt er auf, für seine eigenen Enkelkinder.

Die Seele braucht Lieder

»Als Kind habe ich gerne gesungen. Meine Mutter begann damit beim Einschlafen. Ich sang mit. In der Schule besuchte ich den Chor. Dann war ich im Kinderchor. Später war es mir plötzlich peinlich«, erinnert er sich. »Dann kiekste die Stimme, klang dunkel und hell zugleich. Im Musikunterricht sagte der Lehrer ›Du musst jetzt nicht mitsingen‹.« Dabei ist es geblieben. »Ich kann nicht singen«, sagte er nun. Ihm war seine Stimme unangenehm geworden, er dachte, dass er die Töne nicht treffen würde.

Im Konfirmandenunterricht sollten sie singen. Er schwieg. Mit seinem Vater ging er zum Fußballspiel. Das ganze Stadion sang. Er schwieg.

»Mir hat das Singen nicht gefehlt«, erinnert er sich. »Wir Jungen fanden das unmännlich. ›Memmen singen‹, hieß es voller Verachtung.«

»Ich kann nicht singen«, davon war er über sehr viele Jahre überzeugt. Aber dass seiner Seele etwas abhandengekommen war, ein Resonanzraum für Gefühle, das ahnte er manchmal, wenn er Musik hörte.

Dann bekamen seine Freundin und er ein Kind. Und abends saß er am Kinderbett und er wiegte das kleine Wesen, dachte an die Lieder seiner Mutter. Er aber schwieg. Und er hörte die Kinderstimme aus dem Bett. Er ließ die Spieluhr laufen. Zum ersten Mal spürte er, dass ihm etwas fehlte. Wie gerne hätte er jetzt diese alten Lieder gesungen: »Schlaf, Kindlein, schlaf«, »Weißt du, wieviel Sternlein stehen«, »Der Mond ist aufgegangen«. Er suchte sie im Netz. Er ließ sie laufen, aus dem Handy. Und er vermisste seine eigene Stimme.

Als seine Freundin einmal abends unterwegs war, begann er ganz leise: »Weißt du, wieviel Sternlein stehen?«, er sprach mehr, als er sang. Aber es kehrte etwas in ihn zurück, Freiheit, Gefühl, Mut. Er sang »Im Märzen der Bauer«, er versuchte »Morning has broken«, er hörte nicht mehr auf. Erst als der Schlüssel im Schloss rumorte, verstummte er.

»Dieses ›Du musst jetzt nicht mitsingen‹, hatte ich völlig falsch verstanden«, sagt er heute.

Die Seele braucht Lieder, da klingt Erinnerung mit, die einen viel größeren Raum zum Schwingen bringt. »Lobe den Herrn, meine Seele«, heißt es in der Bibel. Da ist etwas in uns, um uns herum, das schließt beim Singen eine neue Dimension auf. In der entfalten sich sogar in Momenten voller Sorgen neuer Mut und eine Portion Zuversicht.

Heute singt er in einem Chor. Er singt Bass, die tiefe Männerstimme.

Weiter Blick und ferne Häfen

»Wir haben geredet, über alles gesprochen«, am Strand von Ahlbeck sind sie beide losgewandert, und jetzt sind sie so weit gekommen, dass sie heiraten werden, erzählt die Braut.

Wir sitzen zum Traugespräch zusammen, im Pfarramt, bereiten die Hochzeit vor. »Es war ein Sonnabend, die Ostsee rauschte gleichmäßig, am Horizont sahen wir die Fähren nach Skandinavien«, erinnert er sich. »Der Weitblick hat uns geholfen«, ergänzt sie. »Wir haben geredet, als könnten wir uns einen Vorrat schaffen, mit Worten und der Weite und dem Horizont.«

»Es gab von Anfang an viele Unterschiede«, fährt sie fort, »wir wollen beide beruflich vorankommen, wir wollen beide eine Familie gründen, wer soll dann mal zurückstecken?« Dann erzählen sie vom Kennenlernen, vom ersten Urlaub. Es ist die große Liebe. Sie reden von Differenzen, die sie mitbringen. »Wir mussten das klären«, sagt er, »das Meer und der weite Blick haben beim Reden geholfen.« Auch der Gedanke an ferne Häfen und weit gesteckte Ziele, tat dem Gespräch gut.

Sie wollen sich am Strand ihr »Ja-Wort« geben, wieder an einem Sonnabend. Sie seien nicht besonders romantisch, sondern es gehe ihnen um den Ort, an dem sie alles einmal ausgesprochen hatten für den gemeinsamen Weg und um den Sonnabend, das war ihr Vorbereitungstag auf einen Anfang, den wollen sie nun wagen.

Eine Erinnerung klingt in mir an: Als Israel durch die Wüste zog, erhielten die Menschen eine Portion Manna, Himmelsbrot, abgewogen nur für einen Tag. Ausnahme: der sechste Tag, da bekamen die Menschen eine doppelte Ration. Eine mehr, für den kommenden Sabbat. »Sehet, der Herr hat euch den Sabbat gegeben; darum gibt er euch am sechsten Tage für zwei Tage Brot«, heißt es in der Bibel (2. Mose 16,29). Das gehört zum Sonnabend, Vorbereitung und Proviant einsammeln für den nächsten Schritt.

Sonnabend ist Zeit für sorgfältige Gespräche, für einen Blick in Richtung Horizont und einen Gedanken an den weit entfernten

Hafen, in den das Leben einlaufen wird. Gott steht heute für den Proviant ein, den wir benötigen werden.

»So soll unsere Hochzeit sein: Wir hoffen auf so Vieles und brauchen eine doppelte Ration, die uns weiterträgt«, sagt sie.

5 Licht in der Dunkelheit

Annette Behnken
Studienleiterin an der Evangelischen Akademie
in Loccum

Vorsichtig fängt neues Leben an

Die Passionszeit kommt in dieser Woche zu ihrem Ende. Was für eine Passionszeit! Covid-19 hat alles bestimmt. Passion, also Leiden, haben viele in den letzten Wochen leibhaftig erfahren: Lebensangst. Existenzangst. Einsamkeit. Passionszeit. Im Kirchenjahr: eine Jahreszeit, die in dieser Woche zu Ende geht. Diese Woche, in der Christinnen und Christen an das Leiden und Sterben Jesu denken. Es mit ihren eigenen Erfahrungen von Leid und Tod verbinden. Die Karwoche. Es passiert, dass dabei die Kraft verloren geht, die wir brauchen, um auf die Auferstehung hoffen zu können. Darauf, dass das Leben neu anfängt. Die Natur demonstriert es, wie es ist: Leben braucht die Kraft des Lichts.

»Auch das ist Kunst, ist Gottes Gabe, aus ein paar sonnenhellen Tagen sich so viel Licht ins Herz zu tragen, dass, wenn der Sommer längst verweht, das Leuchten immer noch besteht.« Goethe kannte das also auch. Die Sehnsucht nach Licht. Den Versuch, ein bisschen von dem Licht zu speichern, das Herz und Seele über einen Winter rettet. Licht ist Lebenselixier. Und: hilft, sich zu orientieren. Es ist der Orient, aus dem das Licht aufsteigt, auf das sich fast jede Kirche ausrichtet. Beinahe jede Kirche ist geostet. Also: wenn wir beten, wenn wir singen, wenn wir still werden – wir wenden uns dem Licht zu. Orientieren uns leibhaftig. In Richtung dessen, was das Leben und die Welt hell macht.

Heute beginnt die Karwoche. Der, der gesagt hat »Ich bin das Licht der Welt« (Johannes 8,12) wurde gefoltert und ermordet. Und Menschen machen die urmenschliche Erfahrung, wie schmerzlich und absolut der Tod ist. Leben geht zu Ende. Hoffnung stirbt. Eine urmenschliche Erfahrung, dass wir dieser Dunkelheit nicht ausweichen können. Uns nichts übrigbleibt, als diese Dunkelheit radikal anzunehmen. Wenn nichts mehr zählt.

»Ich befehle meinen Geist in deine Hände«, sagt Jesus am Kreuz (Lukas 23,46). Schluss. Ende. Und dann … dann … machen Menschen die stille, gewaltige Erfahrung: es leuchtet! Durch die Risse des Schmerzes hindurch. Licht bahnt sich den Weg und erreicht allmählich das Herz. So ist es in der Natur. So ist es in all den kleinen und großen Toden, die wir im Lauf eines Lebens erleben. Leben fängt still und gewaltig neu an.

Der Prisma-Mann

Selig sind eure Augen, dass sie sehen.
Meine Augen schwelgen. Orangewarmes Licht überschwemmt den Raum. Ein Mehrzweckraum. Linoleumboden, ein paar Tische an die Wände geschoben. Schmucklos. Aber die Fenster: Hoch, vom Boden bis zur Decke in kräftigen, warmen Farben. Orange. Rot. Gelb. Die Mittagssonne wirft die Farben auf den Fußboden. Groß, über die ganze Länge und Breite eines der Fenster ein Kreuz auf Orange. Das Kreuz aus farblosem Glas, durch das das Licht fällt, so wie es ist. Also: in allen Farben. Aber unsere Augen können sie nicht sehen.
Selig sind eure Augen, dass sie sehen.
Ich besuche den Künstler, der diese Fenster entworfen hat. Für den Mehrzweckraum des Gefängnisses, der auch als Gottesdienstraum dient. Seit sehr vielen Jahren tut er hier so etwas wie leben. Im Hochsicherheitstrakt. Wo die sind, vor denen man die Allgemeinheit besonders schützen will und muss. Zwischen uns ist eine Glasscheibe. Er ist zart, blass, seine Haut durchscheinend und knittrig. Seine Stimme auch. Man merkt ihm den Mangel an Sonnenlicht,

frischer Luft und menschlichem Kontakt an. Durch den Spalt unter der Scheibe schiebt er mir Blätter zu. Zeichnungen. Stillleben. Birnen, Äpfel, Trauben auf dunklem Hintergrund. Sie leuchten. Sind atemberaubend zart und schön gezeichnet.
Selig sind eure Augen, dass sie sehen.
Licht: unsichtbar ist es, aber macht die Welt sichtbar. Dieser Mann hinter der Scheibe hat eine finstere Vergangenheit – finsterer geht es kaum. Und: er macht mit seiner Kunst Licht sichtbar. Ist selbst so durchscheinend und zerbrechlich. Das passt nicht. Ich bekomme kein einheitliches Bild.

Licht sehen können wir nur in der Brechung. Es braucht ein Prisma. Und dieser Mann ist eines. Wir alle sind es. Zeigen das Licht des Lebens in seinen unterschiedlichen Brechungen und Facetten, lassen es schillern und leuchten. Ob sie sich zu einem einheitlichen Bild fügen oder nicht, hängt vom Betrachter und seinen Sehgewohnheiten ab. Manches irritiert und überfordert meine Augen. Und: Weitet meinen Blick. Lässt mich hinsehen und den Blick nicht verschließen vor Widersprüchen und schwer auszuhaltenden Wirklichkeiten.
Selig sind eure Augen, dass sie sehen.

Im Dunkeln sehen

Licht erleuchtet die Welt. Ohne Licht wären wir blind. Zu viel Licht aber kann blenden, viel zu viel Licht gar erblinden lassen. »Licht« heißt der Film, der davon erzählt, dass wir manchmal die Dunkelheit brauchen, um sehen zu können.

Wien im Jahre 1777. Resi ist blind und kann wunderschön Klavier spielen. Die stolzen Eltern führen sie bei Kammermusikabenden vor. Die feine Gesellschaft ist begeistert. Schön aussehen tut Resi allerdings nicht mit ihrer eigenartigen Mimik, die ihr nie ein Spiegel reflektiert hat. Resi: musikalisches Wunderkind und Kuriosum. Die Musik: ihr Lebenselixier. Sie geht auf in den Klängen, sieht und fühlt, was sie spielt.

Sie ist 18, als sie dem Arzt Franz Anton Mesmer anvertraut wird, der sich sicher ist: er wird sie wieder sehend machen.

Anton Mesmer ist bekannt im Wien des 18. Jahrhunderts. Seine umstrittene Methode: Zuhören und sanftes Berühren – er nimmt Erkenntnisse der modernen Psychologie vorweg.

Und tatsächlich: Resi beginnt zu sehen. Sie ist begeistert: so viele schöne Dinge! So vieles, das sie nicht kennt! Ein Misthaufen – wie schön er ist! Das Gesicht der Mutter – wie erschreckend! Aber: Je besser sie sehen kann, desto schlechter spielt Resi Klavier. Sie verliert ihre Virtuosität. Die Gabe, sich vollkommen der Musik hinzugeben. Sich in die Klänge zu werfen, von ihnen tragen zu lassen. Sie »sieht« ihre Musik nicht mehr. Die Musik aber ist ihr Leben. Und sie entscheidet sich fürs Leben. Bricht die Therapie ab. Ihre Sehfähigkeit verschwindet wieder. Die Virtuosität kehrt zurück.

Wir sehen: Konturen, Farben, Formen. Lernen zu verstehen, was sie bedeuten, die Dinge, die wir sehen können. Und lernen, anders zu sehen. Wie sieht Musik aus? In Dur? In Moll? Welche Farbe hat der Tod? Und welche der Duft des Frühlings? Wie sieht Trauer aus? Und wie Liebe? Manchmal bedarf es der Dunkelheit, um sehen zu können.

Leuchten in der Dunkelheit

Es ist still. Leise leuchtet die Frühlingssonne und wärmt vorsichtig meine Haut. Birken umgeben diesen Ort, als wollten sie ihn schützen. Beinahe poetisch klingt sein Name: Birkenau. Ich bin das erste Mal hier und überrascht, dass ich ein Gefühl der Zartheit verspüre an diesem Ort, an dem das Fürchterlichste passiert ist, was die Menschheitsgeschichte zu bieten hat. Nein, es ist nicht passiert, nicht einfach so passiert wie aus Versehen. Es war geplant und ist wie am Fließband durchgeführt worden. Von Menschen. Die hier über eine Million Menschen fabrikmäßig ermordet haben.

Das Licht ist mild. Frühlingssonne durch hellgrüne Birkenblätter. Die Geräusche gedämpft. Moos bedeckt den Boden. Darunter weiß ich die Asche der Ermordeten. Ich bewege mich vorsichtig.

»Ihr sollt sein wie ein Fenster, durch das Gottes Güte in die Welt hineinleuchten kann«, hat sie gesagt. Sie ist als Jüdin geboren und hier an diesem Ort ermordet worden. Edith Stein. Als junge Frau wird sie Philosophin und katholische Ordensfrau. Protestiert gegen die Judenverfolgung der Nazis; muss auf deren Druck hin ihre Lehrtätigkeit als Philosophin aufgeben. Bleibt bis zum Schluss ihrer jüdischen Herkunft im Herzen verbunden.

Ein Augenzeuge, der Auschwitz-Birkenau überlebt hat, erzählt: Sie fiel auf unter den Häftlingen. Sie war ruhig und gesammelt, hat sich um die Mütter gekümmert, die wahnsinnig vor Angst waren. Hat sie beruhigt und getröstet. Hat die Kinder um sich versammelt, sie gewaschen, ihnen zu essen gegeben, für Kleidung gesorgt, so gut das hier eben ging.

Hier an diesem Ort, wo man aufhören kann, an das Gute oder an Gott zu glauben. »Ihr sollt sein wie ein Fenster, durch das Gottes Güte in die Welt hineinleuchten kann.« Selbst in der Dunkelheit von Auschwitz hat Edith Stein geleuchtet.

Auschwitz-Birkenau – Menschen haben hier Menschen fabrikmäßig ermordet, wie am Fließband. Dass all das hier planmäßig und genau zu diesem Zweck gebaut wurde, ist kaum zu begreifen.

Auschwitz-Birkenau – ein Ort, an dem mir deutlich wird, zu wie viel Mut und Größe Menschen in der Lage sind. Menschen wie Edith Stein. Sie, aber nicht nur sie, wir alle können leuchten und sein wie Fenster, durch die Gottes Güte in die Welt hineinleuchten kann.

Das wiedergefundene Licht

Selig sind eure Augen, dass sie sehen.
Er sieht nicht. Und doch sieht er. Nach einem Unfall, da war er acht Jahre alt, hat er sein Augenlicht verloren. »Das wiedergefundene Licht« heißt die Autobiografie von Jaques Lusseyrand.

Er erzählt, wie er blind seinen Schulweg entlangging. Wie er irgendwann zu *sehen* begann, zu erspüren, wie jeder Laternenmast, jedes Haus, jeder Baum seine eigene Form, sein eigenes Gewicht in seine Richtung warf. Wie er plötzlich die Struktur eines Baumes mit dem Finger nachzeichnen konnte, obwohl blind und meterweit davon entfernt. Wie innen und außen für ihn ungenügende Begriffe wurden.

»Wenn ich traurig war, wenn ich Angst hatte, wurden alle Schattierungen dunkel und alle Formen undeutlich. War ich jedoch freudig und aufmerksam, hellten sich alle Bilder auf [...] Nach und nach lernte ich verstehen, dass Lieben Sehen bedeutete und Hassen Blindheit, Nacht war.«[1]

Selig sind eure Augen, dass sie sehen.

Selig – sind nicht eigentlich die Augen, selig ist das Sehen. Jaques Lusseyrand lernte zu sehen. Im Inneren. Von »jenem Ort« aus, so beschreibt er es, »wo wir mit allen erschaffenen Dingen eins sind.«[2] Ein heiliger Ort.

Neunzehn Jahre alt war er, als er nach der Besetzung Frankreichs durch die Nazis zum Kopf einer Resistance-Zelle in Paris wurde. Weil er sah, was Sehende nicht sahen. Ob jemand wahrhaftig und glaubwürdig war. Neue Kandidaten, die sich um Aufnahme in die Zelle bewarben. Er sprach mit ihnen, unter vier Augen sozusagen. Um auszuschließen, dass es sich um einen Doppelagenten der Nazis handeln könnte. Sein Urteil galt als unfehlbar.

Einmal nur hat er gegen sein inneres Sehen entschieden – einmal zu viel. Er fiel in die Hände der Gestapo und wurde in das Konzentrationslager Buchenwald deportiert. Er sah, wie Menschen starben und umgebracht wurden. Er überlebte. Dass seine Seele im Lager nicht zerbrach, sagte er später, lag auch daran, dass er immer wieder diesen inneren Ort aufsuchen konnte, an dem er unzerstörbar war. An dem er sich mit allen erschaffenen Dingen eins wusste. Dieser innere Ort, von dem aus wir Sehende sind, ob mit oder ohne Augenlicht.

Anmerkungen

1 Jaques Lusseyrand: Ein neues Sehen der Welt. Gegen die Verschmutzung des Ich (5. Aufl.). Stuttgart 2002, S. 21.
2 Lusseyrand 2002, S. 104.

6 Vögel und Menschen

Mathis Burfien
Pastor in Hannover

Der Zaunkönig

Im Garten meiner Eltern, beim Reisighaufen, noch hinter dem Kompost, hat ein Zaunkönig sein Nest gebaut … Man kann ihn jeden Tag hören. Immer zur selben Zeit. Ein Zaunkönig hat die genaueste innere Uhr im Tierreich. Auf die Minute genau singt er. Ein Leichtgewicht von zehn Gramm. Aber seinen kraftvollen Gesang kann man fast einen Kilometer weit hören.

»Schauet die Lilien auf dem Felde an!«, hatte Jesus gesagt. »Sehet die Vögel unter dem Himmel …« Und ich stelle mir Jesus staunend vor. Zwischen Reisigzweigen den Gesang eines Zaunkönigs beobachtend.

»Darum sage ich euch: Sorgt nicht um euer Leben, was ihr essen und trinken werdet; auch nicht um euren Leib, was ihr anziehen werdet. Ist nicht das Leben mehr als die Nahrung und der Leib mehr als die Kleidung? Seht die Vögel unter dem Himmel an … Sollte Gott nicht viel mehr für euch tun, ihr Kleingläubigen? Darum sorgt nicht für morgen, denn der morgige Tag wird für das Seine sorgen. Es ist genug, dass jeder Tag seine eigene Plage hat.« (Matthäus 6,25–34)

Ich glaube nicht, dass irgendein Mensch das Elend dieser Erde tiefer gesehen hat als Jesus selbst. Und dennoch spricht er von der Sorglosigkeit der Geängstigten. Er sagt nicht, die Blumen können nicht welken und die Vögel nicht vom Ast fallen. Aber er zeigt, in wessen Hand Blume und Vogel und du und ich sind!

Fünf kleine Küken sind in dem Nest des Zaunkönigs geschlüpft. Die Hingabe, mit der die Alten ihre Jungen aufziehen, ist bewundernswert. Wie sie da sind, wenn die Jungen ihre Hälse strecken und schreien. Und wenn ich beim Komposthaufen nah an das Nest herankomme, bleibt immer ein Zaunkönig bei den Jungen. Die Eltern müssten vor Angst wegfliegen. Aber sie bleiben. Die Jungen unter ihren schützenden Flügeln.

Dieses Bild hat mich eine wichtige Sache gelehrt: So möchte ich auch Gott denken! So ihn um mich wissen – in allem ...

Die Lerche

Schon von weitem höre ich die Lerche, bevor ich sie zu sehen bekomme. Mit ihrem beige-bräunlichen Gefieder ist sie auf dem Feld kaum zu erkennen. Umso auffallender ist ihr Gesang, wenn sie fast senkrecht in den Himmel steigt. Dann trillert und zwitschert sie in der Luft stehend aus voller Kehle.

In Deutschland gehört sie inzwischen zu den bedrohten Arten. In manchen Gegenden ist der Himmel über den Feldern bereits stumm.

Für unsere Großeltern war der fröhliche Gesang der Lerche noch ein täglicher Begleiter. Ihr lateinischer Name »Alauda« wurde als »Lauda Deum«, Gott loben, gedeutet. Und ihr Zwitschern verstand der Volksmund als Beten.

Etwas Ungewöhnliches geschieht, wenn eine Lerche von einem Raubvogel angegriffen wird. Aufgrund ihrer fehlenden Flugkünste kann sie nur schwer den Angriffen ausweichen. Aber: Wenn sie angegriffen wird, hört sie nicht auf zu singen. Sie zwitschert und trillert aus Leibeskräften mitten in aller Bedrohung.

Mit ihrem Gesang zeigt sie ihrem Verfolger, welche Kraft sie hat: »Hör mal, Falke, ich singe. Ich habe noch so viel Kraft und Reserven, dass ich mir das leisten kann. Du wirst mich also niemals bekommen können. Warum hörst du nicht einfach auf, mich zu verfolgen? Spar deine Kraft!« Sie verkriecht sich nicht furchtsam, sondern lässt ihr Lied weiter ertönen.

Wir können viel lernen von der Lerche. Singen in größter Not kann Leid nicht verhindern oder auslöschen. Aber Singen kann eine innere Gegenwelt entwerfen. Es kann der Hoffnung, der Liebe oder dem Kummer Sprache geben. Und das ist so nötig in diesen Tagen.

Der Spatz

»Papa, was ist das?« Leander und ich halten mit unseren Fahrrädern am Feldrand an. Er zeigt in den Himmel. Das Bild ist selten geworden: ein Spatzenschwarm in der Luft! Der Luftraum wird Quadrant für Quadrant ausgenutzt. Vielleicht tausend Vögel oder mehr. Eine lebendige Wolke bewegt sich zu einem unhörbaren Rhythmus auf uns zu. Keiner von uns sagt einen Ton. Nur Zwitschern und Schnattern sind um uns herum …

In dem historischen Tierkunde-Nachschlagewerk von Alfred Brehm kommt dieser Gesang des Spatzen nicht gut weg. Dort heißt es: »Er ist ein schrecklicher Schwätzer und ein erbärmlicher Sänger. Trotzdem schreit, lärmt und singt der Sperling, als ob er mit der Stimme einer Nachtigall begabt wäre.«[1]

Dem ist eigentlich nichts hinzuzufügen. Oder doch: Es soll ja auch unter uns Menschen solche geben, die meinen, sie hätten nichts zu sagen. Die sich wertlos fühlen oder unzufrieden sind mit sich und der Welt. Denen ist der Spatz ein Seelsorger der besonderen Art: Er ist ein schrecklicher Schwätzer und ein erbärmlicher Sänger, aber er singt. »Verkauft man denn nicht fünf Sperlinge für zwei Groschen?«, fragt Jesus. »Dennoch ist nicht einer von ihnen vergessen.« (Lukas 12,6)

Einige Tage später begegnet Leander und mir eine weitere Spatzengeschichte. Ein kleiner Spatz kauert fiepsend neben seiner toten Mutter im Gebüsch. In einer Schachtel bringen wir ihn zu einer Auffangstation. Eine Mitarbeiterin nimmt ihn vorsichtig in die Hand.

Sie sagt: »Wenn er kalt ist, kann man ihn vorsichtig anhauchen, bis er sich warm anfühlt.«

Der kleine Spatz, geborgen in schützenden Händen, dazu ein vorsichtiger wärmender Atemhauch – das Bild ist mir bis heute geblieben ...

Und wenn mich einer fragt, wie Gott ist, dann sage ich: So! In allen Sorgen und Nöten, bei allem, was uns bedrückt – in Gottes Hand geborgen im Leben und im Sterben ...

Der Adler

Der Blick geht nach unten. Irgendwo dort ist der Boden erkennbar. Gebrochene Felsstücke, kleinere Fichten. Knapp hundert Meter geht es von diesem kleinen Felsvorsprung steil nach unten. Die Tiefe zieht wie ein Sog.

Der erste Schritt aus dem Adlerhorst kostet den jungen Steinadler Überwindung. Er ist jetzt 74 Tage alt. Noch nie ist er geflogen. Noch nie hat er erfahren, dass seine Flügel die Kraft haben, ihn zu tragen. Man sieht, wie er will und gleichzeitig zögert. Der junge Adlernachwuchs hat Angst. Angst, wie er sie noch nie in seinem Leben gespürt hat. Aber er kann nur fliegen lernen, wenn er aus dem Nest herauskommt. Er muss diesen Schritt machen: sich fallen lassen. Er muss es tun, damit er sein kann, was er ja sein will: ein Adler! Das Adlerjunge schaut. Zögert. Da kommt die Mutter, die nachhilft und ihr Junges aus dem Nest stößt.

Unbeholfen schlägt das Junge mit den Flügeln. Es scheint, als würde es in den Abgrund stürzen. Es rudert. Versucht, Balance zu halten. Aber im Fallen des unbeholfen flatternden Jungen geschieht Wunderbares: Die Steinadlermutter schwingt sich im Sturzflug unter ihr Junges – und trägt das Kleine auf ihrem Rücken wieder aufwärts. Einmal. Noch einmal. Immer wieder. So oft, bis ihr Adlerjunges es gelernt hat ...

In der Bibel heißt es über Gott:

»Wie ein Adler ausführt seine Jungen und über ihnen schwebt, so breitete Gott seine Fittiche aus und nahm sein Volk und trug es auf seinen Flügeln ...« (5. Mose 32,11)

Abgründe meines Lebens, unserer Welt. Furcht vor dem nächsten Schritt. Wieviel anders kann unser Fallen sein, wenn ich gleichzeitig dieses Bild von Gott in mir trage?

Huub Osterhuis, ein niederländischer Theologe, schreibt:

»Der mich trug auf Adlers Flügeln,
der mich hat geworfen in die Weite,
und als ich kreischend fiel,
mich aufgefangen mit den Schwingen
und wieder hoch mich warf,
bis dass ich fliegen konnte aus eigner Kraft.«[2]

Die Nachtigall

»Wo singst du am liebsten?« Eine Zeitschrift hatte junge Menschen gefragt. »Unter der Dusche!«, sagt Mira. Wir singen, wenn es uns gut geht. Auch wenn wir Mut brauchen. Anabelle sagt darum: »Nachts, wenn ich durch einen dunklen Wald muss.« »Am Bett meiner kleinen Tochter«, meint Leif. »Wo singst du am liebsten?« Eine gute Frage.

Unter den Vögeln gilt die Nachtigall als Meistersängerin. Sie beherrscht bis zu 260 unterschiedliche Melodiefolgen. Komponisten wie Chopin haben sich von ihr inspirieren lassen.

Von Jesus ist nur an einer Stelle überliefert, dass er gesungen habe:

»Wahrlich, wahrlich«, sagt Jesus, »ich werde von diesem Wein erst wieder mit euch im Reich meines Vaters trinken. Und als sie den Lobgesang gesungen hatten, gingen sie hinaus an den Ölberg.« (Matthäus 26,29–30)

Es ist der Abschiedsabend von Jesus. Die dunklen Kreuze fern in Golgatha werfen schon ihre Schatten.

»Wahrlich«, sagt er und dann wischen sie sich ihre Münder ab nach dem Schluck Wein und singen den Lobgesang – erst dieses Singen macht aus dem Abendessen ein Passahmahl. Johannes rechts, Jakobus links, Jesus in der Mitte, alle singen … Und dabei war das Herz schon klein geworden an diesem Abend. Die Sorge vor morgen groß.

Angesichts von Sorgen und Leid in der Welt, verschlägt es manchem in diesem Frühjahr die Stimme. »Singt!«, verkündet dagegen der Gesang der Nachtigall. Gerade, wenn die Nacht am tiefsten ist. Ohne Einschränkung. Ohne Wenn und Aber. Nicht nur unter der Dusche, nicht nur, wenn es euch gut geht. Sondern gerade auch dann, wenn es euch dreckig geht.

Die Nachtigall, ein Symbol des Glaubens: Sie singt im Dunkeln, weil sie weiß: Es ist nur eine Frage der Zeit, bis die Morgenröte anbrechen wird.

Die Schwalbe

Tilda liegt neben mir im Gras. Ich atme aus. Wir haben alle Viere von uns gestreckt. Tilda lacht und gikst. 16 Monate ist sie jetzt alt. Ihr Finger zeigt nach oben in den Himmel. »Da!«, sagt sie. Irgendwas muss sie entdeckt haben. Ich kneife meine Augen zusammen. Zwischen klarem Blau liegen weiße Wolken wie Inseln im Ozean. Dann sehe ich sie. Die ersten Schwalben sind da. Jetzt im Frühjahr kommen sie aus ihren Winterquartieren südlich der Sahara zurück nach Deutschland.

Die Flugkünstler sind gesprächig. Sie zwitschern und singen im Flug oder wenn sie in langen Reihen auf alten Telefonleitungen sitzen. In der Bibel wird ihr Zwitschern als Bild für inniges Singen und Beten verstanden.

Es gehört für mich zu meinen beeindruckendsten Erfahrungen als Pastor: Die Frau, die ich zu beerdigen hatte, war in Wolhynien, Westukraine, groß geworden. Noch im Krieg wurde sie verschleppt. Kam nach Kasachstan. Später mit ihrer großen Familie nach Deutschland.

Weit vor der Zeit der Trauerfeier füllt sich die Kirche. Draußen rauchen noch einige Männer. Drinnen sammeln sich die Frauen. Der Sarg ist offen. Eine Vorsängerin stimmt an. Die alten Lieder werden gesungen. Vielleicht anderthalb Stunden lang. Ich verstehe wenig von den Texten. Aber ich spüre sie.

»Wir müssen uns hinein-singen in die Lieder der Hoffnung!«, sagt mir hinterher die Tochter.

Ich nicke. Ja. Ja, wir müssen uns hinein-singen, gerade wenn die Realität so ganz anders aussieht. Wir müssen es riskieren, die Worte in den Mund nehmen. Texte von der Hoffnung lesen. Melodien summen. Mit jedem Ton ein wenig von der Schwere ablegen, die uns lähmt. Mit jedem Ton neuen Mut schöpfen.

Der Prophet Jesaja schreibt: »Ich zwitschere wie eine Schwalbe ... Meine Augen sehen verlangend nach oben: Herr, ich leide Not, tritt für mich ein!« (Jesaja 38,14)

Anmerkungen
1 Alfred Brehm: Brehms Tierleben. Die Vögel. Band 4: Sperlingsvögel. Leipzig/Wien 1913, S. 370.
2 Huub Osterhuis: Ich steh vor dir. Hg. v. Cornelis Kok (2. Aufl.). Freiburg i. Br. 2004, S. 59.

7 Singen ist lebenswichtig

Damaris Frehrking
Pastorin in Sehnde

Heute schon gejauchzt?

Gestern war der Sonntag Kantate. Kantate: Singt! »Singt dem HERRN ein neues Lied«, so ruft jemand in den Psalmen.

> »Singt dem HERRN ein neues Lied, denn er tut Wunder! [...]
> Jauchzet dem HERRN, alle Welt; singet, rühmet und lobet!
> Lobet den HERRN mit Harfen, mit Harfen und Psalmen!
> Mit Trompeten und Posaunen jauchzet vor dem HERRN,
> dem König!
> Das Meer brause und was darinnen ist,
> der Erdboden und die darauf wohnen.« (Psalm 98,1a.4–7)

Was hat jemand wohl erlebt, der sowas dichtet? Die Worte sind euphorisch, da will jemand eine ganze Gemeinschaft zum Mitjubeln animieren! Wir reden nicht mehr so, aber wir singen, jauchzen und toben schon manchmal. Im Fußballstadion oder im Rockkonzert. Wenn alle sich zu einem Fangesang oder einer »La Ola« vereinen, dann ist das wie das Brausen des Meeres, alle sind auf einer Welle. In unseren Kirchen haben wir solch eine Stimmung selten. Jedenfalls nicht im Bereich der Volkskirche. Überschwängliches Verhalten ist da gar nicht vorgesehen, eher bedächtige Zurückhaltung. Viele von uns suchen in der Kirche auch eher Ruhe und Stille, der Alltag ist ja schon laut und unruhig genug.

Kann ich zum Teil verstehen. Trotzdem ist es schade, dass die laute Begeisterung in unseren Gottesdiensten nicht oft zu finden ist. Überhaupt scheinen wir selten in Stimmung zu sein, Gott überschwänglich zu loben. Und in der jetzigen Situation mit allen Einschränkungen wird es uns erst recht schwerfallen. Loben in Krisenzeiten? Das Loben fällt uns schwer, es hat vielleicht auch etwas mit unserem Kulturkreis zu tun. »Mich hat ja auch keiner gelobt, und zu viel Lob macht eingebildet!« Oder nicht? Wir sind gut darin, Kritik zu üben, das Haar in der Suppe zu suchen. Auch in unseren Liedern lassen wir uns nicht selten ins Melancholische ziehen.

Was müsste passieren, damit Sie Lust haben, aus voller Brust: »Großer Gott, wir loben dich« zu singen? Auf welche Wunder warten Sie? Woran liegt es eigentlich, dass wir uns auf der Klageseite so viel besser eingerichtet haben? Was muss passieren, damit wir über Gottes Wunder staunen und Dankbarkeit ausdrücken über all das Gute, das uns wiederfährt? Vielleicht müssen wir es wieder mehr üben, das Loben. Mit Liedern geht es auf jeden Fall gut. Man kann es sich verordnen, auch und gerade jetzt: Jeden Tag ein Loblied, gern auch bei offenem Fenster, das kann das Lebensgefühl schon verändern!

Wes Lied ich sing ...

»Die Lieder waren ja ganz schön, aber ich kannte sie überhaupt nicht«, sagt die Frau nach dem Gottesdienst. Ich verkneife mir die Frage, wann sie zum letzten Mal im Gottesdienst war, murmele etwas von verschiedenen Singgewohnheiten.

Zusammen singen zu können, einfach am Lagerfeuer, im Biergarten oder in der Kirche, das scheint Vergangenheit zu sein. Es ist ein Jammer. Denn kaum etwas verbindet so sehr wie gemeinsames Singen. Aber viele Menschen singen gar nicht mehr, und wir leben in einer Zeit, da sich jeder seine eigene Lieblingssonglist auf dem Handy zusammenstellt. Manchmal bin ich neidisch auf die alten Zeiten. Da konnte man sich auf gemeinsame Grundlagen verlassen, Lieder, die man eben kannte, egal ob jung oder alt. Zu Ostern haben wir zum Flashmob aufgerufen: »Christ ist erstanden« sollte überall um 10.00 Uhr bei geöffnetem Fenster erklingen. Aber wer kennt noch dieses alte Osterlied? Immerhin hat es in einigen Regionen funktioniert!

Gerade in diesen Zeiten ist es so wichtig, sich auf Dinge zu besinnen, die uns gemeinsam sind. Wir sind ärmer geworden, was die gemeinsamen Grundlagen anbetrifft, es gibt immer weniger, was man aus dem Stand gemeinsam singen kann. Individualisierung ist das Wort der Stunde, jeder kocht sein eigenes Süppchen, stellt sich mit einem kommerziellen Anbieter die eigene Trauzeremonie zusammen mit Songs aus »König der Löwen« oder »Tarzan«. Und man lässt lieber singen als es selbst zu tun. Wenn jeder nur noch Lust auf die individuelle Playlist hat, keiner mehr bereit ist, ins Lied des anderen mit einzustimmen, nun, dann könnten wir an unserem eigenen Individualisierungseifer ersticken.

Viele tolle Initiativen haben in letzter Zeit aber gezeigt, dass wir gegensteuern können. Singen von Balkon zu Balkon, Straßenkonzerte, gesungene oder gesprochene Videobotschaften, wir haben gemerkt, wie wichtig es ist, beieinander zu sein im Singen und Beten. In aller begründeten Sorge ist auf diese Weise Begeisterung möglich gewesen, und Menschen waren sich ohne Körperkontakt nah.

Gemeinsam einstimmen zu können in Bewährtes, Vertrautes auch mal ohne Liedblatt, das ist ein wertvolles Gut.

Singen Sie mit Ihrem Kind oder Enkelkind doch einfach mal ein Lied, das Ihnen schon lange etwas bedeutet. Einen Versuch wäre es wert.

Gutenachtlied

»Einer wacht und trägt allein ihre Müh und Plag,
er lässt niemand einsam sein, weder Nacht noch Tag.«[1]

Wenn mich jemand fragen würde, wie oder wann ich ein gläubiger Mensch wurde, dann würde ich sagen: Mit dem Gutenachtlied

»Abend ward, bald kommt die Nacht« hat es angefangen. Meine Eltern haben es mir vorgesungen, fast jeden Abend. Dieses und ganz viele andere Lieder haben im Laufe meines Lebens in mir gewirkt, sie sind in verschiedenen Lebenssituationen sofort da. Mit jeder Gestimmtheit im Alltag oder auch an Feiertagen verbinde ich bestimmte Lieder. Je älter ich werde, desto mehr wird mir deutlich, dass dieser Fundus an Liedern ein großer Schatz ist. Denn mit diesen Liedern sind mir seit Urzeiten geglaubte Botschaften mitgegeben worden. Mit ihnen habe ich gleichsam den Glauben meiner Eltern und vieler anderer Menschen aufgenommen, tausendfach durchgespürt, habe meinen Glauben durch diese Lieder stärken, erneuern, bestätigen lassen. Gesungene Psalmen gehören auch dazu. »Herr, auf dich traue ich, lass mich nimmermehr zuschanden werden« (Psalm 71,1). Ich singe es, wenn es mir eng wird ums Herz oder auch beim Zahnarzt! Wenn es um mich und in mir gehörig wütet, fällt mir sofort »Jesu, meine Freude« von Paul Gerhard ein: »Lass den Satan wettern, lass die Welt erzittern, mir steht Jesus bei!«[2]

Als ich jünger war, lebte ich mit der Überzeugung, meine Erfahrungen, mein Leid und meine Freude, wären etwas ganz Einzigartiges. Heute sehe ich das ganz anders. Es tröstet mich, in einer Reihe zu stehen von Menschen, die gelobt, gedankt, geliebt und gelitten haben. Ich bin mir bewusst, dass meine Vorfahren ganz andere Herausforderungen überstehen mussten als ich und trotzdem sangen sie Lob- und Danklieder. Immer lieber bediene ich mich geprägter Worte, die schon lange gewirkt haben. Worte, aus denen tiefes Vertrauen spricht. Dem aufgeklärten Geist mögen sie naiv scheinen, nicht immer politisch korrekt, die Sprache oft unzeitgemäß. Aber ich stoße mich nicht mehr so sehr daran.

Wenn ich mich mal zur letzten Gute Nacht bette, kann mir gern wieder diese Strophe gesungen werden, mit der meine Eltern mich schon als Kleinkind zum Glauben ermutigt haben. Was sich am Anfang des Lebens bewährt hat, kann auch am Ende des Lebens tragen.

»Einer wacht und trägt allein ihre Müh und Plag,
er lässt niemand einsam sein, weder Nacht noch Tag.«

Was bleibt?

»Meine Mutter liegt nur noch«, sagt mir die freundliche Frau, die geöffnet hat. Ich komme zum 99. Geburtstag. Es ist schon ein paar Jahre her. Jahrelang hat sie gelegen, diese Frau. Ein Alptraum, möchte man meinen, eine Zumutung für sie selbst und die pflegenden Angehörigen. Als ich in ihr Zimmer trete, höre ich sie mit feiner Stimme singen, sie singt wie ein Kind, etwas dünn, aber hoch und vollkommen unverdrossen. Kirchenlieder singt sie, manchmal mehrere Strophen. Ob sie ihren Namen noch weiß, oder dass sie Geburtstag hat? Es spielt keine Rolle. Fröhlich und offen ist ihr Blick. Sie hat noch ein bewegtes Leben, erzählt mir, was ihr angeblich widerfahren ist. Dann singt sie wieder. Ihr Gesicht, ihr ganzer Ausdruck, ja ihr ganzes Wesen ist Lächeln. Sie ist ein echter Sonnenschein. »In dir ist Freude in allem Leide«[3], ja, wahrhaftig, denke ich. Wie gut es tut, zu erfahren, dass diese Lieder, die wir singen, auch wahr sind und sich immer wieder bewahrheiten, wie zum Beispiel an dieser Frau, die auf ihre Weise ihren Glauben mit mir teilt, mir ein Beispiel gibt, wie es gehen kann in einer scheinbar unerträglichen Situation.

Oft denke ich an Menschen, die der Verzweiflung ihren Gesang entgegengesetzt haben. Die US-amerikanischen Sklaven, die gemeinsam singen: »Hold on just a little while longer« oder »My home is over Jordan«. Mit Gesang ist auch innerer Widerstand möglich, Widerstand gegen alles, was die Seele brechen will.

Das funktioniert auch mit dünner, brüchiger Stimme. Ich muss nicht musikalisch sein. Es macht mir Freude, mit Menschen zu singen, die an Demenz erkrankt sind. Die Lieder, die sie schon als Kinder gelernt haben, sind oft das einzige, was sie noch abrufen können. Manchmal fangen Lippen, die längst sprachlos sind, an, sich zu bewegen, wenn wir gemeinsam singen, nicht selten bleiben die Augen dabei geschlossen.

Was bleibt, wenn mir scheinbar alles entgleitet oder genommen wird? Meine Gesundheit, meine Bewegungsfreiheit, mein Geist, womöglich meine Würde?

Wenn da noch ein Lied ist, mit dem meine Seele schwingen kann, dann ist das vielleicht gar nicht so wenig. Wenn mein Ich sich einmal auflösen sollte, ich im Schwinden bin, dann würde ich gern noch singen können. »In dir ist Freude in allem Leide«. Oder »Harre, meine Seele«[4]. Wenn das Kurzzeitgedächtnis sich verabschiedet, sind diese Lieder vielleicht noch da, sie sind tiefer gegründet.

Gleichklang

Wieso singen Menschen eigentlich, wie hat das angefangen? Forscher meinen, Gesänge wären in der Frühgeschichte der Menschen entstanden, um den Zusammenhalt zu stärken. So singen Menschen, um einen Gleichklang zu erzielen, eine gleiche Gestimmtheit, die sie miteinander verbindet. Vor einem Kampf, nach einem Unglück, bei der Ernte, bei einem Fest. Singen verändert. Es kann Gänsehaut verursachen, den Herzschlag beruhigen oder auch beschleunigen.

Die Mekranoti-Indianer vom Amazonas singen morgens und abends stundenlang miteinander, die Männer schon bei Sonnenaufgang. Ich denke dabei an die Stundengebete in den Klöstern, mit denen Menschen sich mehrmals am Tag mit Gott und miteinander verbinden, in einen Gleichklang kommen. Diese Lebensform ist den meisten Menschen fremd und unverständlich. Für mich liegt auch ein Reiz darin. Am frühen Morgen, am Mittag, am Abend und zur Nacht innehalten, zusammenkommen, um sich auf den Ursprung des Lebens besinnen. Sich einreihen in den Grundklang des Lebens. Ich muss für ein paar Minuten nichts leisten, nichts denken, muss nicht individuell, schlau, witzig oder sonst was sein, bin einfach da vor Gott, Teil eines großen Ganzen. Und das gilt zu jeder Zeit gleich, in Krisenzeiten genauso wie in ruhigen Zeiten.

Sich in diesem Bewusstsein dem Leben regelmäßig hinzugeben, nicht nur an Feiertagen, sondern sogar mehrmals am Tag, das hat eine große heilende Kraft. Unsere Vorfahren wussten das, die ursprünglich lebenden Menschen wissen es noch. Wir berauben uns zunehmend der guten und heilsamen Rhythmen des Lebens, der gemeinschaftlichen Formen, in denen für einen Moment Gleichklang gesucht wird, nicht einer den andern übertönen will, sondern etwas Gemeinsames entsteht.

Ich wünsche uns, dass wir in den Rhythmen unseres Alltags, wieder offener werden für verbindende Formen, in denen alle ohne Konkurrenz oder Leistungsdruck einfach *sein* können, miteinander, beieinander. Nach Formen, in denen nicht nur laut getönt, sondern vor allem gehört wird, aufeinander. Möglicherweise sind wir in der letzten Zeit offener geworden für solche Gedanken, etwas feinfühliger und fantasievoller. Wir haben erlebt, dass es sich lohnt, dem Tag einen Rhythmus zu geben und die scheinbare Leere mit Tönen zu füllen, die ganz von Herzen kommen.

Singend beten

Morgen begehen wir den Sonntag Rogate: Er fordert zum Beten auf! Über das Singen habe ich die ganze Woche nachgedacht, heute möchte ich den Bogen zum Beten schlagen. Für mich ist Gesang etwas Heiliges. Es tut mir im Herzen weh, wenn mir Menschen erzählen, sie hätten schon früh mit dem Singen aufgehört, die Mutter oder der Vater habe gesagt, du klingst wie eine Blechbüchse!

Singen ist etwas Intimes, Ursprüngliches. Ich versammle meinen Atem zu einem gleichmäßigen Strom, das Zwerchfell spannt sich, der Brustraum weitet sich, der ganze Körper ist einbezogen.

Ich nutze die Klangräume des eigenen Körpers, um verschiedene Klangfarben zu erzeugen. Lasse meine innere Gestimmtheit nach außen dringen, gebe ihr Ausdruck. Darin liegt für jeden Menschen eine Möglichkeit der Heilung.

Ein Lied, das das Kind beruhigt, ein Lied, mit dem gemeinschaftlich ein Jubiläum besungen wird, ein Lied am Abend oder am Morgen, ein Lied zum Lob der Natur, all das kann schon Gebet sein. Ich muss nicht sprechen, um zu beten, muss nicht etwas aufsagen. Nein, auch mit Liedern kann ich beten, denn nicht selten drückt das Lied viel ungefilterter aus, was mich umtreibt, was mich erfüllt oder beschwert. Die inneren und auch laut gesungenen Lieder, die mich täglich umgeben, sie sind nicht selten Gebete. Denn wenn es in mir singt, verbinde ich mich mit Gott, zeige ihm meine Gestimmtheit, lasse mich vielleicht von ihm umstimmen, neu stimmen oder lasse ihn einfach der Grundton meiner Lieder sein.

Die Seele braucht Momente, allein oder auch in Gemeinschaft. Momente, in denen Stimmungen geteilt werden können. Dazu helfen Singen und Beten. Wir haben in der letzten Zeit erfahren, wie wichtig diese Momente sein können, dass sie uns helfen, Herausforderungen zu überstehen. Wir gewinnen einen längeren Atem, werden gelassener angesichts dessen, was wir nicht ändern können.

Wer beten will, muss zunächst aufmerksam werden, hellhörig für den eigenen Rhythmus, den eigenen Klang, die Klangräume des eigenen Körpers, den eigenen Atem. Hier kannst du dein eigenes Lied finden, dein Gebet für diesen Moment, den Ton, der dich mit Gott verbindet, der in allem dein Grundton sein will. Blenden Sie doch einmal alles um sich herum aus und hören Sie auf den Klang, der aus dem eigenen Herzen kommt.

Anmerkungen

1 Rudolf Alexander Schröder (Text)/Friedrich Samuel Rothenberg (Melodie), »Abend ward, bald kommt die Nacht« (Evangelisches Gesangbuch Nr. 487), zweite Strophe.
2 Paul Gerhardt, »Jesu, meine Freude« (Evangelisches Gesangbuch Nr. 396), Auszug aus der zweiten Strophe.
3 Cyriakus Schneegaß, Johann Lindemann (Text)/Giovanni Giacomo Gastoldi (Melodie), »In dir ist Freude« (Evangelisches Gesangbuch Nr. 398).
4 Johann Friedrich Räder, Carl Brockhaus (Text)/César Malan (Melodie), »Harre, meine Seele« (Evangelisches Gesangbuch Nr. 596).

8 Wie wollen wir leben?

Nora Steen
Theologische Leiterin des Christian Jensen Kollegs
in Breklum

Wie wollen wir wirtschaften?

In diesen Wochen und Monaten ist kaum mehr etwas, wie es war. Eine gute Gelegenheit, Gewohntes zu überdenken. Etabliertes auf den Prüfstand zu stellen. In dieser Woche möchte ich nachfragen: Wie soll unsere Zukunft auf diesem Planeten aussehen?

Heute: Wie wollen wir wirtschaften? Kann finanzieller Profit auf Kosten Schwächerer das einzig denkbare Ziel sein? Ginge es nicht auch ganz anders?

Die Propheten der Bibel haben eine klare Meinung: So lange das Recht der Schwachen mit Füßen getreten wird, ist nichts gut in einer Gesellschaft. Besonders haben sie die Reichen im Blick, die die Kleinbauern ausbeuten. Gegen sie richtet sich diese Warnung des Propheten Jesaja: »Wehe denen, die ein Haus zum andern bringen und einen Acker an den andern rücken, bis kein Raum mehr da ist und sie allein das Land besitzen!« (Jesaja 5,8)

Der Österreicher Christian Felber könnte auch so ein Mahnender sein. Ein Prophet unserer Tage, der uns vor Augen führt, wie verquer unser Wirtschaftssystem ist, in dem Geld der Mittelpunkt allen Handelns ist. Mit der »Gemeinwohlökonomie« hat er ein Wirtschaftsmodell entwickelt, das das Wohlergehen der Menschen in den Mittelpunkt stellt. Er fragt: Wie geht es denen, die in unseren Unternehmen arbeiten? Werden die Arbeiter als Menschen ernstgenommen? Und was ist mit den Produkten, die wir einkaufen? Achten wir darauf, dass in der gesamten Lieferkette die Menschenrechte eingehalten werden? Dies alles zu bedenken ist ein hoher Anspruch an Unternehmen. Nicht alles wird sofort gelingen. Kostbar jedoch ist vor allem der Perspektivwechsel hin zu dem Ziel, dass alles, was wir tun, dem Wohl der Menschen und der Umwelt dienen soll.

Wie wollen wir wirtschaften? In Zeiten wie diesen merken wir, dass Geld wichtig, aber nicht alles ist. Unsere Gesellschaft droht zu zerbrechen, wenn wir nicht mehr menschlich handeln. Wenn wir diejenigen aus dem Blick verlieren, die ganz unten stehen. Umso wichtiger ist es, die eine große Vision vor Augen zu haben: Alle Menschen auf dieser Erde haben dasselbe Recht darauf, in Würde zu leben, in Freiheit zu lieben und voller Zuversicht in die Zukunft zu schauen.

Der Prophet Jesaja lehrt uns diesen Blick, der nicht bei dem stehen bleibt, was ist: »Ich will Wasserbäche auf den Höhen öffnen und Quellen mitten auf den Feldern und will die Wüste zu Wasserstellen machen und das dürre Land zu Wasserquellen.« (Jesaja 41,17–18)

Wie wäre ein Leben ohne Krieg?

»Da werden sie ihre Schwerter zu Pflugscharen machen und ihre Spieße zu Sicheln. Denn es wird kein Volk wider das andere das Schwert erheben, und sie werden hinfort nicht mehr lernen, Krieg zu führen.« (Jesaja 2,4) Diese Worte stammen aus der großen Vision des Propheten Jesaja über die kommende Welt. Frieden. Und die Wölfe weiden bei den Lämmern.

Wie wollen wir leben? Danach möchte ich in dieser Woche fragen. Dies geht nicht, ohne einen Blick auf die großen Wunden zu richten, die die unzählbaren Kriege in unsere globale Gemeinschaft schlagen. Die Sehnsucht nach Frieden ist seit Menschengedenken in uns eingepflanzt, verschriftlicht auch vor allem in den heiligen Büchern der Weltreligionen. Den Propheten war es Beruf und Berufung, dieser Sehnsucht Worte zu geben. Sie in die Welt zu tragen. Besonders zu denen, die sie nicht hören wollten.

Die biblischen Friedensbilder sind stark und reichen weit in die säkulare Welt hinein. Das Wort Jesajas, das sich auch fast wortgleich beim Propheten Micha findet, »Schwerter zu Pflugscharen« war Leitwort der Friedensbewegung in der ehemaligen DDR. Und es ist auch in die Statue vor dem Gebäude der Vereinten Nationen in New York eingemeißelt.

Wie wäre das, ein Leben ohne Krieg? Für Milliarden Menschen weltweit nicht vorstellbar. Und doch werde angesichts der aktuellen Herausforderungen deutlich, wie »unsinnig« Kriege seien, so UN-Generalsekretär António Guterres. Er forderte Ende März zu einem »sofortigen weltweiten Waffenstillstand auf«. Kann ein Virus möglicherweise das leisten, woran wir Menschen seit Anbeginn der Zivilisation scheitern? Eine Welt im Frieden?

Noch kann ich daran nicht glauben. Die Perspektive aber, die Guterres mit seiner Forderung einnimmt, ist die richtige. Frieden ist mehr als eine Utopie. Frieden ist möglich, wenn ich im Schwert den Pflug sehe und im Spieß die Sichel. Dieser Perspektivwechsel ist die Grundlage für ein Zusammenleben auf diesem Globus, das die Würde und die Rechte aller Menschen nicht mehr mit Füßen tritt.

Ich glaube: Wir brauchen diese Friedensvision der Bibel. Wir brauchen sie, weil der Krieg in unserer Welt oft so übermächtig ist. Weil wir sonst verzweifeln, denn es scheint doch einfach zu viel dagegen zu sprechen, dass Frieden möglich wird. Aber ich will nicht aufhören, an den Frieden zu glauben. An echten Frieden für unsere Seele und für unsere Erde.

Für mich bleiben die Worte Michas in diesen Zeiten überlebenswichtig:

> »Sie werden ihre Schwerter zu Pflugscharen und ihre Spieße zu Sicheln machen. Kein Volk wird gegen das andere das Schwert erheben, und sie werden fortan nicht mehr lernen, Krieg zu führen.« (Micha 4,3)

Die Welt nach Corona

Wie wollen wir leben? Was ist uns wichtig und worauf könnten wir verzichten? Die Welt ist noch immer im Ausnahmezustand und diese Zäsur könnte dazu dienen, Fragen zu stellen, für die im Normalen so wenig Zeit ist.

Genau das macht der Zukunftsforscher Matthias Horx in seinem Artikel »Die Welt nach Corona«. Er malt ein Zukunftsbild: Wir sitzen im September 2020 in einem Straßencafé in einer Großstadt. Es ist warm. Er fragt uns: Schmeckt der Kaffee, der Cocktail, anders als vor Corona? Und er stellt fest:

> »Kein Mensch – oder nur noch wenige Hartgesottene – glauben heute noch an die große digitale Erlösung. Der große Technik-Hype ist vorbei. Wir richten unsere Aufmerksamkeiten wieder mehr auf die humanen Fragen: Was ist der Mensch? Was sind wir füreinander? Wir staunen rückwärts, wieviel Humor und Mitmenschlichkeit in den Tagen des Virus tatsächlich entstanden ist.«[1]

Die Aufmerksamkeit auf unser Miteinander richten. Das klingt zu schön, um wahr zu sein. Was sind wir füreinander? Was ist wirklich wichtig?

Ein großer Einschnitt, der alles neu zusammengeordnet hat, war zu biblischen Zeiten das Pfingstfest. Es war etwas geschehen, das sich niemand zuvor hätte ausmalen können. Menschen verschiedener Herkunft und Sprachen konnten sich auf einmal verstehen. Die Kraft des Heiligen Geistes war so mächtig, dass sie wie Feuerstrahlen die Herzen der Menschen berührte. In der Apostelgeschichte wird davon berichtet:

> »Alle aber, die gläubig geworden waren, waren beieinander und hatten alle Dinge gemeinsam. Sie verkauften Güter und Habe und teilten sie aus unter alle, je nachdem es einer nötig hatte.«
> (Apostelgeschichte 2,44–45)

Was für eine wunderbare Utopie christlichen Lebens! Wir wissen aber, dass die Realität auch damals nicht so aussah, dass alle jederzeit einmütig miteinander lebten. Wichtig sind diese idealtypischen Erzählungen dennoch, weil sie mehr sind als ein Wunschtraum im luftleeren Raum. Dann und wann ist sie nämlich erfahrbar, diese große Vision, in der Mitmenschlichkeit und Liebe im Mittelpunkt unserer Weltgemeinschaft stehen. Damals in den ersten christlichen Gemeinden wie auch heute. Wenn wir gemeinsam Abendmahl feiern. Wenn wir Brot und Wein teilen, gemeinsam beten und Gott loben.

Und, so Gott will, wird die Vision auch im September 2020 erfahrbar sein. An einem lauen Septemberabend in einem Straßencafé in einer Großstadt. Der Kaffee schmeckt tatsächlich anders als vor Corona. Er schmeckt nach Trauer, nach Erschöpfung und Dankbarkeit, dass das Schlimmste überstanden ist und so viel Mitmenschlichkeit erlebbar geworden ist. So viel, wie wir es uns niemals hätten träumen lassen.

Corona – ein Wendepunkt der Geschichte?

Wie wollen wir leben? Das frage ich in dieser Woche. Ich frage es in einer Zeit, in der wir vor allem eins neu lernen müssen: Wie verwundbar wir sind. Es schien uns im westlichen Europa, und darin im reichen Deutschland, alles so fern. Generationen, die nicht wissen, wie Krieg schmeckt. Ein Glauben an die Beherrschbarkeit einer Welt, die durch Forschung und Technik möglichst alles Unvorhersehbare eliminierte. Die Dämonen und Seuchen des Mittelalters lebten nur in den Bildern der Historienfilme.

Und nun hat ein Virus all dies zutiefst in Frage gestellt. Ein Wendepunkt unserer Geschichte? Der israelische Historiker Yuval Noah Harari meint, Ja. Er sagte Ende März in einem Interview:

»Wir haben ein System aufgebaut, das die Möglichkeiten von Epidemien ignoriert. Wir haben sie beim Bau unserer Welt nicht berücksichtigt, weil wir glaubten, dass das Gesundheitssystem in der Lage sein werde, der Ausbreitung der Epidemie einen Riegel vorzuschieben. Wir sind mächtig und stark – aber eben nicht dermaßen mächtig und stark. Unsere komplexe Gesellschaft ist viel zerbrechlicher als diejenige im Mittelalter.«[2]

Was uns vor allem vom Mittelalter unterscheidet: Einen Gott, der die Pest als Strafe über uns kommen lässt, gibt es für uns nicht mehr. Und das ist gut so.

Der Gott, der in der Bibel beschrieben und durch die Reformatoren neu entdeckt wurde, ist keine über allem schwebende Instanz. Ist nicht der Richter über Leben und Tod. Gott ist der, der mit uns dort ist, wo es am Dunkelsten und Schmerzhaftesten ist. Dort, in den Krankenstationen überall auf der Welt. Dort, wo Menschen einsam sterben müssen, weil ihre Verwandten nicht bei ihnen sein dürfen. Gott straft nicht. Gott leidet mit. Die Allmacht, die Gott auszeichnet, ist eine Allmacht der Liebe.

Ein solcher Gott freilich ist ebenso verwundbar, wie wir selbst. Verwundbar, weil er uns unendlich liebt. Und wer liebt, macht sich anfechtbar.

Nach dieser Krisenzeit müssen wir lernen, mit dieser neuen Erkenntnis zu leben: Wir sind verwundbarer, als wir es vielleicht für möglich gehalten haben. Diese Lektion ist notwendig, weil wir ohne sie unsere Zukunft nicht werden gestalten können. Die Zeit der Allmachtsfantasien und eines übermächtigen Richtergottes, der uns mit Seuchen straft, ist ein für alle Mal vorbei.

Die neue Zeit ist zart wie ein frisches Blatt, das mit aller Kraft aus seiner harten Knospenhülle herausdrängt ans Licht. Zerbrechlich, tastend, nicht ohne Verluste, aber voller Lebenskraft.

Kann ein Reicher in den Himmel kommen?

Wie wollen wir leben – und wie nicht? In Krisen wie diesen reißt die globale Ungerechtigkeit ihren Schlund auf. Sie zeigt mir: Noch immer, in allem Schlimmen, sind wir in Deutschland gut dran. Die hohe Zahl an Intensivbetten. Besonnene Politikerinnen und Politiker. Diese Krise zeigt, dass Länder, in denen der Populismus regiert oder in denen die medizinische Versorgung ohnehin Mangelware ist, ungleich schlechter dran sind. Sie zeigt, dass die, die sowieso schon nichts haben, die in Flüchtlingslagern oder auf der Straße leben, mal wieder die Verwundbarsten sind.

Ich bin dankbar für ein sicheres und warmes Haus. Für eine einigermaßen gesunde Familie. Für ein trotz der Krise noch sicheres Gehalt. Ich weiß, ich stehe ganz weit auf der anderen Seite. Ich weiß nichts von der Angst, nicht in ein Krankenhaus gehen zu können, wenn es mich treffen wird. Überhaupt weiß ich nur sehr wenig von all den Ängsten, die die Mehrheit der Menschheit jeden Morgen beim Aufwachen im Herzen trägt.

Ich schwimme quasi auf dem Trockenen, wenn ich diese Ungerechtigkeiten benenne. Gerechtigkeit kann es aber nur dann geben, wenn diejenigen von ihrem Reichtum abgeben, die ihn in Fülle haben. Wie das konkret aussehen kann, ich weiß es nicht. Aber ich bin sicher, dass ich und die, die sich ebenfalls zu denen zählen, die ganz weit auf der Seite des Wohlstands stehen, es lernen können.

Ein Reicher fragt Jesus, was er tun soll, um das ewige Leben zu bekommen. Er würde schon vorbildlich leben, alle Gebote halten, regelmäßig in den Tempel gehen. Und Jesus antwortet ihm: Verkaufe alles, was du hast. Und dann komm mit mir. Und der Reiche dreht sich mit gebeugtem Rücken um und geht traurig weg (Markus 10,17–22). Theologen streiten darum, wie dieses Gleichnis gemeint ist. Schließt es alle, die Dinge und Geld besitzen, vom Reich Gottes aus? Müssen diese Worte nicht in den damaligen Kontext gestellt und relativiert werden?

Ich merke, ich möchte trotz aller richtigen Anfragen, die Härte der Worte Jesu nicht abmildern. Ich möchte mich von ihnen fragen und anfragen lassen: Wie will ich leben? Und wie nicht?

Ich möchte in diesen Tagen nicht verdrängen, dass ich ganz weit auf der Seite der Reichen stehe. Und mit mir wahrscheinlich viele von Ihnen, die mir heute Morgen zuhören. Ich möchte uns Mut machen, nicht einfach betrübt umzukehren und weiterzumachen wie bisher. Die Ungerechtigkeiten in dieser Welt schreien zum Himmel, besonders in dieser Zeit der Krise. Und wir können anfangen, daran etwas zu ändern. Im Kleinen und Alltäglichen. Dort, wohin Gott uns gestellt hat.

Anmerkungen

1   Matthias Horx (2020): 48 – Die Welt nach Corona. https://www.horx.com/48-die-welt-nach-corona/ (Zugriff am 16.03.2020).
2   Pierre Heumann: Yuval Harari: »Wir werden in einer anderen Welt leben, wenn die Krise vorbei ist«. Handelsblatt am 28.03.2020. https://www.handelsblatt.com/politik/konjunktur/nachrichten/zukunftsforscher-ueber-corona-yuval-harari-wir-werden-in-einer-anderen-welt-leben-wenn-die-krise-vorbei-ist/25685168.html?ticket=ST-10325473-cBNjwd4Wby4IR-4VDZImz-ap1 (Zugriff am 09.11.2020).

9 Göttliche Berufe

Klaus Bergmann
Pastor der selbstständigen evangelisch-
lutherischen Kirche in Bad Schwartau

Gott, der Baumeister

In meiner Heimatstadt stehen viele Fachwerkhäuser. Aufgewachsen bin ich im nordhessischen Korbach. Die dunkelbraunen Balken mit weißem Gefache prägen das Bild der Altstadt. Typisch für diese Häuser sind die Inschriften auf den Querbalken. Namen der Bauherren mit Daten sind dort zu lesen. Und sehr oft auch Bibelverse. Meine Wege durch die Altstadt führen mich immer wieder an dem stattlichen Haus in der Kirchgasse 4 vorbei. Auf dem langen Balken über dem Erdgeschoss lese ich Psalm 127: »Wenn der Herr nicht das Haus baut, so arbeiten umsonst, die daran bauen.« (Psalm 127,1) Den Namen des Bauherrn finde ich nirgendwo geschrieben. Stattdessen dieser Satz aus der Bibel. Ein Bekenntnis. Ich denke, der Bauherr sagt damit: »Der Baumeister dieses Hauses ist Gott.«

Seltsam. Das Gebäude ist sicherlich nicht durch ein Wunder über Nacht entstanden. Das Fundament musste gesetzt, das Ständerwerk aufgestellt und das Dach gerichtet werden. Das war mühsame Arbeit damals: Ein Haus nur mit einfachen Hilfsmitteln zu bauen. Aber am Ende schreibt der Bauherr nicht seinen Namen, sondern den Namen Gottes auf das Haus.

Für mich drückt das eine tiefe Überzeugung aus: Dass wir Menschen nicht alles können. Und dass wir auf Gottes Segen angewiesen sind. Wir können planen und arbeiten. Aber nicht jede Planung geht auf. Nicht jede Arbeit gelingt.

Ich denke an einen Freund, der sich so gefreut hatte, endlich mit seiner Familie ins eigene Haus zu ziehen. Ende letzten Jahres sollte der Umzug sein. Eigentlich. Doch auf dem Bau gab's Probleme. Handwerker fehlten. Arbeiten verzögerten sich immer wieder. Energietests wurden nicht bestanden. Nervenaufreibend. So ziemlich alles, was schief gehen konnte, ging schief.

Ob der Bauherr des Fachwerkhauses diese Erfahrung kannte? Wir kennen die damaligen Rückschläge nicht. Aber: Im Nachhinein hat er für das Gelingen des Baus Gott gedankt: »Wenn der Herr nicht das Haus baut, so arbeiten umsonst, die daran bauen.«

Ich denke, dass dieser Satz nicht nur über einem Haus stehen kann. Wir verdanken unser Leben, unsere Gesundheit, unser gutes Miteinander nicht allein uns. Das alles fordert unseren Einsatz. Ohne Frage. Doch es ist umsonst, wenn der Segen fehlt, wenn der Herr nicht das Haus baut. Rückblickend kann ich über viele Bereiche meines Lebens sagen: »Der Baumeister ist Gott.«

Gott, der Wächter

Nicht nur im Hamburger Grindelviertel: In mehreren deutschen Städten stehen mobile Polizeiwachen. Mehr Wachtmeister bedeuten mehr Sicherheit. Mit dieser Gleichung reagiert die Politik auf das steigende Unsicherheitsgefühl in der Bevölkerung. Ob diese Gleichung jedoch wirklich aufgeht, ist umstritten. Denn die tatsächliche Kriminalität ist in den letzten Jahren gesunken. Zeitgleich jedoch steigt die gefühlte Unsicherheit. Offensichtlich stimmt das Sicherheitsgefühl vieler mit der tatsächlichen Gefahrenlage nicht überein.

In biblischer Zeit war das auch schon so. In den Psalmen lese ich: »Wenn der HERR nicht die Stadt behütet, so wacht der Wächter umsonst.« (Psalm 127,1)

Für eine antike Stadt sind Wächter sicherheitsrelevant. Sie patrouillieren auf der Stadtmauer und warnen vor Feinden. Sie kontrollieren die Stadttore. Wächter machen Lärm, wenn in der Nacht ein Brand ausbricht.

Damals wie heute gilt: Wachen sollen uns vor Bedrohungen schützen. Sie sollen uns das Gefühl von Sicherheit geben. Doch nicht immer gelingt das. Der Psalm berichtet davon. Die Stadtwächter tun ihre Arbeit aufmerksam und gewissenhaft. Sie machen alles richtig. Dennoch herrscht eine gefühlte Unsicherheit in der Stadt. »Es ist umsonst, dass ihr früh aufsteht und hernach lange sitzet und esset euer Brot mit Sorgen.« (Psalm 127,2)

Die Sorgen bleiben. Die Angst auch. Obwohl doch alles Mögliche zur Sicherheit der Bevölkerung getan wird. Wie kann ich mich sicher fühlen? Der Psalm rät zum Vertrauen. »Wenn der HERR nicht die Stadt behütet, so wacht der Wächter umsonst.« (Psalm 127,1)

Wenn mir eine vertraute Person nahe ist, fühle ich mich nicht allein. Ich fühle mich geschützt und geborgen. Gott ist nahe. Er ist mir näher als mein eigener Herzschlag. Näher als meine Gedanken. Dieser Glaube macht mich ruhig. Heißt das: Mir wird nie etwas Schlimmes zustoßen und ich kann deshalb unvorsichtig sein? Bestimmt nicht. Vielmehr weiß ich mich von Gott in allem Schlimmen begleitet.

Die Vorstellung von Gott als Wächter hilft mir. Gott bleibt an meiner Seite. Geht mit mir durch den Tag. Beschützt mich in Gefahren. Und das macht mich innerlich ruhig. Und sicher.

Gott, der Töpfer

Töpferwerkstätten verströmen einen ganz bestimmten Geruch. Es riecht nach feuchtem Ton. Nach heißer Luft. Erdig und warm.

Ich besuche eine Töpferei und schaue dem Meister zu. Es ist wirklich spannend zu sehen, wie sich die Form des Tons auf der Töpferscheibe ständig verändert. Anfangs habe ich keine Ahnung, was der Töpfer da wohl macht. Einen Kaffeepott, eine Schale, einen Teller oder eine Vase … erst mal sieht alles gleich aus. Nach und nach bringt der Töpfer mit seinen Händen den Ton dann in die gewünschte Form. Er drückt an dieser und zieht an jener Stelle. Bis schließlich das erkennbar wird, was er die ganze Zeit schon im Sinn hatte.

Dabei ist der Meister hochkonzentriert. Sein ganzer Fokus liegt auf diesem Gefäß, das er da gerade bearbeitet. Denn wenn er einen Fehler macht, dann muss er von vorne beginnen. Dann kann er mit demselben Material etwas anderes herstellen. Aber immer wird er ein Gefäß gestalten, das einen Nutzen für andere hat.

In der Bibel wird die Arbeit des Töpfers verglichen mit Gottes Umgang mit uns. Beim Propheten Jesaja lese ich: »Aber nun, HERR, du bist doch unser Vater! Wir sind Ton, du bist unser Töpfer, und wir alle sind deiner Hände Werk.« (Jesaja 64,7)

Gott der Töpfer, wir der Ton. Er gestaltet uns nach seiner Idee. Nach seinem Ebenbild. So, wie wir tatsächlich gedacht sind.

Dieser Gedanke gefällt mir. Ich stelle mir vor, wie Gott ständig an mir arbeitet. Ganz individuell. Manchmal muss er richtig viel modellieren, manchmal nur wenige Dinge korrigieren. Ab und zu muss er auch noch einmal von vorne anfangen und mich komplett umgestalten. Doch immer ist er mit voller Konzentration und Aufmerksamkeit bei der Sache. Denn dahinter steckt ein Plan. Wie ein Töpfer verfolgt Gott eine Absicht, wenn er mich auf seine Weise formt. Und das wird er auch heute tun ...

Allerdings geht es ihm bei seiner Arbeit nicht einfach nur um mich. Sondern vielmehr um meine Mitmenschen. Ein Gefäß erfüllt immer einen Zweck. Nämlich wenn es sich füllen lässt und den Inhalt weitergibt. Als Gefäß, von Gott gestaltet, soll ich seinen Segen an die Menschen um mich herum weitergeben.

Gott, der Winzer

Ich hätte ja nicht gedacht, dass es das gibt: Einen Weinberg in Schleswig-Holstein. Doch tatsächlich. Mitten in der Holsteinischen Schweiz ranken Weinreben. Südlage. Hier wird seit zwanzig Jahren Wein angebaut. Und das erfolgreich.

Die Winzerin Melanie Engel gesteht: »Ein Weingut in Schleswig-Holstein – das klingt ein bisschen verrückt. Ist es auch. Doch die Rebstöcke fühlen sich in unserem milden Reizklima sehr wohl. Die

Trauben gedeihen prächtig.«[1] Bei einem Besuch sehe ich, dass es neben Klima und Boden vor allem auf den Schnitt ankommt. Der Weinstock hat die Tendenz ins Laub zu schießen. Zu viel Grün. Zu wenig Trauben. Deshalb muss die Winzerin immer wieder Triebe entfernen. Im Winter das Totholz. Im Frühjahr die sogenannten Geiztriebe. Mit ihrer Schere verfolgt sie dieses eine Ziel: gute Früchte hervorzubringen. Die Trauben sollen Licht und Saft bekommen, damit sie reif und süß werden. Ohne ihre ständige Pflege würden die Trauben klein und mickrig bleiben.

Gott ist ein Weingärtner wie Melanie Engel. So sagt das Jesus:

»Ich bin der wahre Weinstock, und mein Vater ist der Weingärtner. Alle Reben am Weinstock, die keine Trauben tragen, schneidet er ab. Aber die Frucht tragenden Reben beschneidet er sorgfältig, damit sie noch mehr Frucht bringen.« (Johannes 15,1–2)

Gott möchte, dass ich gute Früchte bringe: Anderen mit Liebe begegne. Freude verbreite. Frieden schaffe. Geduld übe. Freundlich bleibe. Gutes rede. Treue übe. Sanft werde. Mich zurücknehme. So soll ich sein. Und so will ich gerne werden. Doch dummerweise wachsen ständig Geiztriebe. Sie machen mich neidisch. Ich werde unzufrieden. Üble Gedanken, böse Worte, manche Gemeinheiten kommen aus mir heraus.

Wenn Gott wie ein Weingärtner an uns arbeitet, dann will er das Schlechte von uns nehmen, damit das Gute wachsen kann.

Wie das geht? Jesus sagt seinen Jüngerinnen und Jüngern: Wichtig ist, dass ihr mit mir verbunden bleibt. Dann werdet ihr durch mich verändert. Die Reben bringen ja die Trauben nicht aus sich selbst heraus. Das können sie nur, wenn sie am Weinstock bleiben. Für die Jünger von Jesus ist es entscheidend, bei ihm zu bleiben. Er ist der Weinstock. Wir die Reben. Gute Früchte wachsen dann von ganz allein.

Gott, der Arzt

Es ging alles furchtbar schnell. Reifenquietschen. Aufprall. Schon flog ich durch die Luft und schlug hart auf dem Rücken auf. Schmerzen. Ich lag zusammen mit meinem Fahrrad im Straßengraben. Ein Rettungswagen brachte mich ins Klinikum. Dann zahlreiche Untersuchungen. Ärzte erklärten mir: »Bei dem Unfall ist ein Lendenwirbel zertrümmert worden. Aber wir kriegen das wieder hin!« Danach Operation, Krankenhausaufenthalt und Reha-Klinik.

In dieser Zeit lernte ich die Fähigkeiten der Ärztinnen und Ärzte zu schätzen. Wie kunstvoll sie den zerstörten Wirbelkörper nachbildeten. Wie sie mir durch entsprechende Medikamente die Schmerzen nahmen. Wie sie mich zusammen mit Therapeutinnen und Therapeuten wieder auf die Beine brachten. Großartig!

Während der Behandlungen musste ich ihnen vertrauen. Und das fiel mir gar nicht schwer. Die nötige Gelassenheit bekam ich von Gott. Er sagt von sich: »Ich bin der Herr, dein Arzt« (2. Mose 15,26). Dieses Wissen machte mich ruhig. Auch wenn die Ärztinnen und Ärzte mich behandelten, wusste ich mich immer in der Hand Gottes geborgen. Seine Gegenwart erlebte ich als heilvoll. Ich behielt Hoffnung. Und bekam die innere Kraft, um wieder ganz gesund zu werden.

»Ich bin der Herr, dein Arzt.« Das sagte Gott zunächst seinem Volk Israel in schweren Zeiten. Krankheiten und Naturgewalten bestimmten ihren Alltag. Sie schmeckten den bitteren Geschmack, den das Leben haben kann. Und sie standen in Gefahr, darüber selber zu verbittern. Doch im Blick auf Gott, den Arzt, tun sie das nicht. »Der Herr heilt, die zerbrochenen Herzens sind, und verbindet ihre Wunden«, bekennen sie in einem Psalmgebet (Psalm 147,3). Sie blieben hoffnungsvoll. Immer wieder fassten sie Zuversicht. Und das tun Menschen bis heute im Vertrauen auf Gott.

Gott sei Dank kann ich inzwischen völlig schmerzfrei gehen. Ich fahre auch wieder Fahrrad. Durch den Unfall hat sich meine Einstellung zum eigenen Körper geändert. Vorher habe ich körperliches Wohlergehen als normal angesehen. Jetzt ist es ein Geschenk. Ich bestaune die Kunst der Ärztinnen und Ärzte hier auf Erden. Und die Güte des göttlichen Arztes im Himmel.

Gott, der Hirte

»Stellen Sie sich vor«, erzählt der Schafhirte Lutz Heipmann, »Sie würden – ohne mich – zu meiner kleinen Herde gehen. Einige meiner wolligen Freunde würden neugierig zu Ihnen kommen. Die meisten würden sich aber fernhalten und keines (!) würde Ihnen folgen. Fremde könnten meine Schafe treiben, aber nicht führen […] Käme dagegen ich als ihr gewohnter Hirte und würde die Schafe rufen, würde die ganze Truppe auf mich zu rennen. Manchmal muss ich aufpassen, dass sie mich vor lauter Freude und Übermut nicht umrennen.«[2]

Ich staune über das Verhältnis zwischen der Herde und ihrem Hirten. Die Schafe vertrauen ihrem Hirten, sie mögen ihn und kommen freiwillig zu ihm. »Vertrauen ist der Schlüssel zu diesem Verhältnis«, betont der Schafhirte Lutz Heipmann. Das musste er sich bei seinen Schafen allerdings erarbeiten. Denn Schafe sorgen nicht einfach für sich selber. Als Fluchttiere brauchen sie Schutz. Als Herdentiere brauchen sie einen, der sie zusammenhält und leitet. Sie benötigen die tägliche Fürsorge des Hirten. Das bedeutet für ihn jede Menge Drecksarbeit: Auf Weideplätze führen, für Wasser sorgen, Klauen schneiden, Geburtshilfe leisten, Einfangen, Wurmkuren geben, Scheren, Zäune ziehen … Hirten wissen: Nur durch dauerhaftes Dienen entsteht eine vertrauensvolle Beziehung, die für die Tiere so wichtig ist.

»Der Herr ist mein Hirte« (Psalm 23,1). So beginnt der wohl bekannteste Psalm der Bibel. Ein Gebet des Vertrauens. Aus der Sicht eines Schafes staunt die Beterin, was Gott für sie tut. Wie er sie versorgt. Sie führt und schützt. Ihr Sicherheit und Ruhe schenkt.

Schafe sind nicht dumm. Sie können Gesichter von fünfzig Artgenossen auseinanderhalten. Und natürlich auch von Menschen. Sie kennen ihren Hirten. Und das ist wichtig für sie.

»Ich werde nie vergessen«, so Heipmann, »wie wir kurz vor Weihnachten einen Temperatursturz auf dramatische -18 Grad erlebten und die Schafe mir nachts im Dunkeln und bei hohem Schnee zum ersten Mal eine längere Strecke in den neuen Stall folgen sollten – und es tatsächlich ohne Druckmittel taten.«[3]

Das machten sie nur, so ist sich der Hirte sicher, weil durch tägliche Fürsorge ein gutes Verhältnis zwischen ihm und der Herde herrscht.

Gott der Hirte. Ich sein Schaf. Ein Vertrauensverhältnis, das funktioniert, weil Gott sich täglich um mich kümmert. Auf die Zeichen seiner Fürsorge will ich heute achten.

Anmerkungen
1 Siehe https://www.ingenhof.de/weingut (Zugriff am 09.11.2020).
2 Lutz Heipmann: Scha*fsinnig führen. Ein Schafhalter und Pastor über gute Hirten, Schafe – und uns. Aufatmen, 1/2012, 53–54.
3 Heipmann 2012, 54.

10 Von Nähe und Distanz in der Liebe

Tilmann Präckel
Pastor in Hamburg

Die Liebe ist nicht abgesagt

Eigentlich wollte ich Ihnen in dieser Woche von Hochzeiten erzählen, von schönen Festen, berührenden Momenten und von der Freiheit der Liebe. Eigentlich.

Viele Sätze der vergangenen Wochen und Monate fangen mit diesem »eigentlich« an. Eigentlich hätten wir in diesen Sommerwochen ganz viele Hochzeiten in unserer Nienstedtener Kirche an der Elbe gefeiert. Aber viele Paare und Familien haben sich entschieden, ihre Feste zu verschieben. Die Hochzeit ist vorerst abgesagt, die Liebe aber nicht!

Die kirchliche Trauung wäre ihnen so wichtig gewesen, erzählte ein Paar, schließlich würden sie kurz danach wegziehen. Und so hatten sie sich sehr für ihren doppelten Neuanfang – in die Ehe und im neuen Ort – Gottes Segen gewünscht.

Zugleich erzählten sie mir, wie die vergangenen Monate ihnen in ihrem Miteinander ganz neue Perspektiven geschenkt haben. Homeoffice, 24 Stunden am Tag beieinander, da mussten sie sich erst einmal sortieren: Frühstück ohne Handy und Zeitung, wer darf wo arbeiten, wann ist Mittag und wer kümmert sich, wann ist Schluss? Wer braucht welche Zeit für sich, was machen wir gemeinsam? Zum täglichen Höhepunkt wurden die Spaziergänge oder lieber noch die Radtouren. Zusammen unterwegs zu sein und zugleich miteinander weit zu gucken. Mit dem anderen über die eigenen vier Wände hinweg zu gelangen.

Bereits vor Corona hatten sie mir ihren Trauspruch genannt: »Du, Gott, stellst meine Füße auf weiten Raum« (Psalm 31,9b). Wie passend, dieser Vers, gerade jetzt! Weil er von der Freiheit der Liebe erzählt. Von dem weiten Blick und dem Aufbruch. Davon, dass neue Situationen auch neue Sichtweisen aufeinander ermöglichen. Gott traut uns zu, gemeinsam in die Zukunft zu gehen. Mit allem, was dabei schon klar ist. Aber auch auf all den Wegen, die noch keiner kennt. Das ist eine aufregende Reise! Wir hängen eben nicht an Gottes Marionettenfäden. Aber wir sind von ihm auf die Füße gestellt worden. Sich etwas zutrauen und auf Gott vertrauen, beides steckt drin in diesem Psalmwort.

Die beiden haben die Hochzeit verschoben, mal schauen, wann sie sie nachholen. Aber die Liebe ist nicht abgesagt. Sie haben sogar ein neues Miteinander entdeckt. Du, Gott, stellst unsere Füße auf weiten Raum.

Fernbeziehungen

Nähe und Distanz, unser beherrschendes Alltagsthema seit Corona. Geht Distanz auch in der Liebe? Verliebt, verlobt, verheiratet! Das kennen wir aus dem Kindermund, der oft genug Wahrheit kundtut. Nicht aber immer.

Häufiger ist heute wohl: Verliebt, vielleicht verlobt, Fernbeziehung … Die Ausbildung oder das Studium zu Ende zu bringen, erste Berufserfahrungen zu sammeln, das ist für Paare ganz oft nicht am selben Ort möglich. Und das ist bestimmt nicht immer einfach. Gerne jedoch erleben und gestalten Liebende ganz neue Formen und Intensitäten ihres Miteinanders im Abstand. Ein Paar gewöhnte sich dieses Ritual an: Immer zu einer bestimmten Uhrzeit aneinander zu denken, egal in welcher Zeitzone die beiden gerade unterwegs waren. Am liebsten natürlich zu telefonieren, aber wenn das nicht ging, eben in Gedanken miteinander verbunden zu sein. Die beiden haben sich so sehr daran gewöhnt und es als ihre Zeit entdeckt, dass sie es sich beibehalten haben, bis heute, wo sie längst verheiratet sind und zusammenwohnen.

In der Bibel erzählt das Buch Rut auf so zarte und zugleich kraftvolle Weise, wie eine Liebe – die zwischen Rut und Boas – in der Distanz entdeckt wird und dann wachsen und aufblühen kann. Die Geschichte beginnt mit zwei Freundinnen, Noomi und ihrer Schwiegertochter Rut. In der Fremde hat Noomi ihr Glück gesucht, ihre Söhne haben geheiratet, so kam ihre Schwiegertochter Rut ins Haus. Dann aber sind der Ehemann und die Söhne gestorben, Noomi ist mittellos. Und so entscheidet sie sich, in ihre Heimat Bethlehem, übersetzt das »Haus des Brotes«, zurückzukehren. Ihre Schwiegertochter Rut kommt mit. Und hilft Noomi zu leben. Rut geht auf das Feld und sammelt die Ähren auf, die bei der Ernte liegengeblieben sind. Boas, der Besitzer des Feldes, sieht sie, sieht, wie hart sie arbeitet. Das beeindruckt ihn und er gestattet Rut, weiter zu machen, er erlaubt ihr, sich seinen Knechten und Mägden anzuschließen. Sogar für Wasser sorgt er. Aber er bleibt in der Distanz. So geht es die ganze Erntezeit (Rut 1–3). Was entsteht da, was wächst da heran? Es ist mehr als nur Respekt oder eine erste Verliebtheit.

»Wenn Verliebtheit der Pfeil ist, mit dem Amor seine Opfer trifft und entflammt, sehe ich in der Liebe eher etwas wie eine Pflanze. Sie beginnt als zarter Schössling und baut sich ihr eigenes Gerüst, Zelle für Zelle, und jede Zelle ist eine kleine Geste mit der Bedeutung: Ich bin für dich da, ich denke an dich, ich sehe dich [...].«[1]

So sagt es der Psychologe Wolfgang Schmidbauer. Und so erzählt es die biblische Geschichte von Rut und Boas, sogar in der Distanz.

Trauversprechen

Nähe und Distanz in der Liebe diese Woche. Heute etwas dazu, sich selbst mit Nähe überraschen zu können.

Wenn Paare ihre kirchliche Hochzeit vorbereiten, dann gilt der Blick bald der sogenannten Traufrage. Das ist ja der intensivste Moment des Gottesdienstes, wenn die Ehepartner gefragt werden und mit »Ja, mit Gottes Hilfe« antworten. Das ist aufregend, da werden sie gehört, da wollen sie gehört werden, vor ihrer Familie und ihren Freunden und vor Gott.

Zu dieser Frage gibt es allerdings eine Alternative. Und dafür entscheiden sich immer mehr Paare. Sie antworten dann nicht nur, sondern stellen sich einander gegenüber, schauen sich an und sprechen solche Worte: »Ich verspreche dir vor Gott: Ich möchte dir treu sein, dich achten und dir vertrauen. Ich möchte dir helfen und für dich sorgen. Ich möchte dir vergeben, wie Gott uns vergibt. Ich möchte dir Freund und Mann sein und mit dir Wege finden, auf denen wir gemeinsam gehen können. Dazu helfe mir Gott!«

Natürlich sind die Paare aufgeregt, wenn sie so viele Worte sagen. Aber ich erlebe diesen Moment als ein großes Bekenntnis. Als die Antwort auf die Frage, was ihnen Liebe bedeutet: Nämlich innerlich zugewandt zu sein, anzuschauen und angeschaut zu werden. Sich nicht an den eigenen Wünschen zu orientieren, sondern sein Gegenüber im Blick zu haben. »Die Liebe will«, so hat es Dietrich Bonhoeffer einmal formuliert, »nichts *von* dem anderen, sie will alles *für* den anderen.«[2] Die Liebe weiß vom Stolpern und Scheitern. Sie weiß von der Leidenschaft füreinander. Und sie weiß von der Hilfe, die sie benötigt, die Hilfe von Gott, die sich in so vielen Gesichtern zeigt. All diese Gedanken gehören dazu, all das kauen sie durch, die Paare, wenn sie in Vorbereitung auf ihre Hochzeit sich diese Worte aneignen. Oder, wie es im Englischen so schön heißt: by heart, mit dem Herzen, lernen.

Und wenn dann der Augenblick in der Kirche da ist, erlebe ich häufig nicht nur, dass sie berührt sind, sondern auch, dass sie fast überrascht sind über so viel ausgesprochene, miterlebte Nähe.

Fotografieren

Nähe und Distanz in der Liebe. Kein Geheimnis, dass jeder Partner in einer Beziehung auch Zeit für sich selbst benötigt. Aber auch als Paar tut einem die Distanz gegenüber Freunden und Familie zuweilen gut.

Ich habe es schon so manches Mal bereits in dieser Art erlebt, bei der Hochzeit in der Kirche: »Der schönste Tag im Leben«, so lautet landläufig der zweite Name für dieses Fest. Und, na klar, davon will man Erinnerungsfotos haben. Wie sahen wir aus, wer war dabei? Auch vom Gottesdienst möchte man hinterher gerne Bilder anschauen, vom Einzug und Auszug, vom Ringwechsel.

Aber da erlebe ich bei Hochzeitspaaren durchaus auch eine Bescheidenheit. Sie sagen: »Wenn wir dann vorne auf unseren Stühlen angelangt sind, dann wünschen wir uns eine Konzentration, dann wollen wir auch mal unbeobachtet sein. Da gibt es nicht den perfekten Moment, der festgehalten werden muss, jedenfalls nicht auf einem Bild. Lieber im Herzen und in der Erinnerung. Es tut gut, für uns sein zu können.«

Als Jesus einst mit drei Jüngern einen besonders dichten Moment erlebte, wollte der Vorzeigejünger Petrus diesen Augenblick unbedingt festhalten: »Lass uns hierbleiben, lass uns hier, auf diesem Gipfel, Hütten bauen!« So sagt er zu Jesus (Matthäus 17,1–9).

Doch Jesus überhört das, zieht weiter, steigt mit seinen Jüngern wieder herab vom Gipfel, geht zurück. Nicht, weil der Moment vergessen werden sollte. Natürlich soll er groß bleiben, dieser helle, dieser dichte Augenblick. Denke immer wieder daran. Aber halte dich nicht daran fest, nicht mit Hütten, nicht mit Fotos.

Es muss nicht jeder Moment dokumentiert sein, das empfinden viele Hochzeitspaare so. Als Erinnerung sind diese Momente ja nicht verloren, da sind sie ein Schatz – sie stärken uns für den Alltag. Dann fangen wir an zu erzählen, wie groß das Leben ist und was noch passiert ist – und was das eine Bild gar nicht zeigen kann. Das ist oft viel mehr, als die vollständige Fotoserie im Sekundentakt. Und außerdem ist den beiden da vorne auf den Stühlen vor dem Altar so mancher ganz private Augenblick geschenkt, wie wertvoll!

Ein Siegel auf dein Herz

Nähe und Distanz in der Liebe, manchmal sind sie kaum auseinander zu halten.

Da will man einerseits in seiner Liebe sicher anlegen, sich geborgen fühlen, vielleicht sogar in den Hafen der Ehe einlaufen. Und merkt auf der anderen Seite, dass die Reise doch erst beginnt. Dass es sich mehr nach Auslaufen als nach Einlaufen anfühlt. Dass auch manch vertrauter Hafen beim erneuten Ankommen ganz anders aussieht.

Die Bibel hat ein kleines Buch bewahrt, dass so facettenreich das Wunder und die Vielseitigkeit der Liebe besingt, von zart bis überschwänglich. Gedichte, die die Nähe und die Distanz kennen, die vor allem aber von der Sehnsucht handeln, zusammenzugehören und zusammen zu sein. Es ist das Hohelied Salomos aus dem Alten Testament, über 2000 Jahre alte Liebeslyrik.

»Des Nachts auf meinem Lager suchte ich, den meine Seele liebt. Ich suchte, aber ich fand ihn nicht. Ich will aufstehen und in der Stadt umhergehen auf den Gassen und Straßen und suchen, den meine Seele liebt. Ich suchte, aber ich fand ihn nicht.«

So singt die Liebende im Hohelied (Hoheslied 3,1–2). So nah ist sie ihrem Liebsten in ihrer Seele. Und möchte jeden Moment mit ihm teilen. Zugleich treibt es sie um, hat sie Sorge, dass diese Liebe verloren gehen könnte! Streift sie ruhelos durch ihr Zimmer und durch die Straßen – es könnte ja sein, dass sie ihn verpasst, dass sie ein Wort überhört oder falsch verstanden hat.

Besonders zu Beginn der Liebe gehört dieses Auf und Ab dazu. Es geht um alles und es reicht tief, immer. Nur die Liebe zählt, alles andere wird ausgeblendet, erscheint nicht wichtig im Leben.

»Lege mich wie ein Siegel auf dein Herz, wie ein Siegel auf deinen Arm. Denn Liebe ist stark wie der Tod und Leidenschaft unwiderstehlich wie das Totenreich. Ihre Glut ist feurig und eine gewaltige

Flamme. Viele Wasser können die Liebe nicht auslöschen, noch die Ströme sie ertränken.«

So klingt das Hohelied aus (Hoheslied 8,6–7a). Es macht die Sehnsucht groß, die die Nähe noch nicht hat, sie aber ahnt und sucht. Eine Liebe ohne Warum. Leidenschaftliche Liebe ist eben nicht nur Glück, sondern auch Unruhe, ist Suchen und Finden – und wieder Suchen und Finden. Und darin ist sie eben auch göttliche Liebe, weil sie so nicht nur zu unserem Menschsein dazugehört, sondern über uns hinausweist. Indem sie ungeduldig erwartet.

Nähe und Distanz. Nicht fertigwerden

Nähe und Distanz in der Liebe, sie gehören zusammen, sie sind untrennbar miteinander verbunden. Denn große Nähe ermöglicht erst, offen zu sein für zukünftige Wege.

So ist es schon beim Segen, der im Zentrum der Hochzeit steht: Viele Paare wünschen sich, dass der Segen, der über sie gesprochen wird, wie ein Schutzzauber wirkt. Aber das ist der Segen nicht. Nicht ein manifestes »Gott ist jetzt immer spürbar da«. Gott lässt sich nicht festhalten. Sehr wohl aber meint der Segen eine wunderbare Verheißung, einen Blick nach vorne: Denn im Segen stellen sich Gesegnete und Segnende gemeinsam in das Licht Gottes, in die Wirklichkeit, die Gott für uns im Blick hat. Der Segen verweist darauf, was längst in uns angelegt ist, zugleich aber weit darüber hinaus, was noch werden kann. Ohne dass wir das jetzt schon feststellen oder festhalten könnten.

Nicht nur im Segen, eben auch in der Liebe steckt eine große Weite und Freiheit, stark formuliert von Max Frisch:

»Es ist bemerkenswert, dass wir gerade von dem Menschen, den wir lieben, am mindesten aussagen können, wie er sei. Wir lieben ihn einfach. Eben darin besteht ja die Liebe, das Wunderbare an der Liebe, dass sie uns in der Schwebe des Lebendigen hält, in der Bereitschaft, einem Menschen zu folgen in allen seinen möglichen Entfaltungen. Wir wissen, dass jeder Mensch, wenn man ihn liebt, sich wie verwandelt fühlt, wie entfaltet, und dass auch dem Liebenden sich alles entfaltet, das Nächste, das lange Bekannte. Vieles sieht er wie zum ersten Male. Die Liebe befreit es aus jeglichem Bildnis. Das ist das Erregende, das Abenteuerliche, das eigentlich Spannende, dass wir mit den Menschen, die wir lieben, nicht fertigwerden; weil wir sie lieben, solang wir sie lieben.«[3]

Die Liebe macht uns zu Fremden. Sie ermöglicht uns, dass wir uns neu entdecken, durch den Blick des anderen. Die Liebe macht uns schön. Ich muss keine Rolle mehr spielen. Ich bin geliebt, auch mit meinen Schwächen. Ich bin geliebt, weil ich noch nicht fertig bin, weil ich die Freiheit erfahre, meine Schwächen zu zeigen. Gott segne unsere Liebe in dieser Nähe und Distanz.

Anmerkungen
1 Wolfgang Schmidbauer: Die Stille nach dem Knall. SZ-Magazin, 7/2020, 5. https://sz-magazin.sueddeutsche.de/liebe-und-partnerschaft/liebe-verliebt-sein-unterschied-schmidbauer-88365?reduced=true (Zugriff am 09.11.2020).
2 Dietrich Bonhoeffer, zitiert nach Wilfried Härle: Dogmatik (3. Auflage). Berlin/New York 2007, S. 239.
3 Max Frisch: Tagebuch 1946–1949. Frankfurt 1985, S. 27.

11 Ankommen

Silvia Mustert
Pastorin in Hannover

Ankommen in der neuen Woche

»Wo ist mein Büroschlüssel, er war doch Freitag noch in meiner Tasche!« Hektisch durchwühle ich die Jacke, die ich am Freitag an den Haken gehängt und seitdem nicht mehr angezogen habe. Dann stelle ich meine Handtasche auf den Kopf. Suche das Auto ab. Es ist Montagmorgen, ich muss los, wenn ich pünktlich im Büro sein will. Die Schlüsselsucherei nervt. Zehn Minuten habe ich damit schon vertan, bis mir einfällt: Ich habe den Schlüssel am Freitag in die Schüsselschale gelegt, weil ich die Jacke waschen wollte. Da liegt er nun, unschuldig, als habe er nur auf mich gewartet.

Ankommen in der neuen Arbeitswoche. So kann es eigentlich nicht laufen. Eine Woche, die mit hektischer Sucherei beginnt, fühlt sich gleich gebraucht an. »Kind, pack am Abend vorher deine Tasche!«, hat meine Mutter mir immer gesagt. Mit zunehmendem Alter muss ich ihr recht geben.

Gut ankommen in der neuen Woche braucht gute Vorbereitung. Ich habe deshalb meinen Rhythmus umgestellt. Die Tasche für den Start in die Woche packe ich möglichst schon am Freitag. Montagmorgens wandert dann nur noch das Mittagsbrot hinein.

Aber noch viel wichtiger: Ich versuche, bewusst den Sonntag als Start in die neue Woche zu sehen. »Geht nun in die Woche mit dem Segen Gottes!« wird uns im Gottesdienst zugesprochen. Und dann kommt der Segen. Ein Angesicht, das über uns leuchtet. Ein Gott, der uns im Blick hat. Segen an der Schwelle zum Alltag. Dazu passt kein hektisches Aufbrechen am Montagmorgen. »Du sollst den Feiertag heiligen!« (2. Mose 20,8) Das will ich ernst nehmen: Der Sonntag ist der Ankerpunkt am Beginn einer neuen Woche. Mit seinem Gottesdienst. Und der Zeit, die mir geschenkt wird für mich, für Mann und Familie, für Hund und Freunde. Das will ich schützen vor Hektik und Alltagsgedanken. Ohne Blick auf den Schreibtisch, auf dem immer irgendeine Arbeit wartet. Dazu gehört reichlich Disziplin und wenig schlechtes Gewissen. »Du sollst den Feiertag heiligen … damit du gut in deiner Woche ankommen kannst!« Ich übe noch. Aber es wird.

Ankommen in der ewigen Gegenwart

Sonntagnachmittag, das Handy vibriert. Unser Sohn schickt uns Fotos. Glücklich lächelt er in die Kamera, ein Bergpanorama im Hintergrund. Er lebt in München und ist viel unterwegs. »Wo bist du?«, fragen wir. Er antwortet: »Auf dem Rubihorn. Das Nebelhorn im Hintergrund. Ich bin daheim.« Wer unseren Sohn kennt, weiß, dass das für ihn fast ein heiliger Moment ist. Er ist angekommen, für einen Augenblick. Das ist eher selten bei ihm. Er ist eigentlich immer auf der Suche nach Neuem.

Wie für ihn ist für viele Unterwegssein vertrauter als Ankommen. Ständig im Gespräch. Oft gehetzt in einer undurchsichtigen Welt. Nur ab und zu gibt es diese kleinen Momente, in denen Ruhe einkehrt und die Seele ihre Türen ganz weit öffnet. Äußerlich muss dafür gar nicht viel passieren. Aber im Inneren geschieht etwas. Da fühlt sich das Leben plötzlich viel intensiver an als sonst. Ich bin daheim. Angekommen für einen Moment. Nur für einen vergänglich schönen Moment. Danach geht die Suche weiter.

Vielleicht treibt uns dabei, was eine der berühmtesten Geschichten der Bibel erzählt. Die Vertreibung von Adam und Eva aus dem Paradies. Dieses Zerwürfnis mit Gott steckt uns in den Knochen: Getrennt von Gott, hineingeworfen in ein schwieriges Leben, das auf den Tod zugeht. Und irgendwo weiß unsere Seele: »Es war einmal anders.« »Gott ist die ewige Gegenwart, die wir nicht haben können«, hat der jüdische Religionsphilosoph Martin Buber gesagt.[1] Und so suchen wir weiter. Sind unterwegs, um endlich anzukommen. Anzukommen bei einem Ursprung, den unsere Seele bis heute ahnt. Das wäre die Mutter aller Glücksmomente. Der Aufstand gegen unsere Vergänglichkeit. Unsere kleinen Glücksmomente lassen uns schon jetzt ahnen, wohin uns unser Leben einmal führen kann: Zurück zum Urgrund unseres Seins. Wenn wir diesen Urgrund berühren, dann sind wir da, wonach wir immer gesucht haben. Angekommen bei Gott in seiner ewigen Gegenwart.

Ankommen bei anderen

Ich glaube, ich bin schrecklich altmodisch. Ein Beispiel: Mein Mann und ich gehen in ein Restaurant. Preislich ist das Lokal weit entfernt von einer Studentenkneipe. Noch bevor wir richtig angekommen sind, ruft die junge Bedienung: »Sucht euch schon mal einen Platz!« Kaum sitzen wir, fragt sie: »Und, habt ihr schon ausgesucht?« Mit meinen 55 Jahren kann ich mich nicht daran gewöhnen, einfach so geduzt zu werden. Mein Mann nimmt das viel lockerer. Aber mir ist das zu nah, zu schnell. Ein freundliches »Sie« könnte nicht schaden. Zum Ankommen bei anderen gehört für mich auch erst einmal ein bisschen Distanz. »Du«, das ist Vertrautheit, das ist Geschichte mit einem anderen Menschen.

Höfliche Umgangsformen sind einst bei Hofe entstanden. Die Adeligen achteten auf die Etikette. Ein Etikett war nichts anderes als ein Zettel mit Benimmregeln für das Hofzeremoniell. Jeder wusste, was er zu tun und zu lassen hatte. Vieles ist davon aus unserem Alltag verschwunden, nicht nur bei den Royals. Bei manchen Höflichkeitsformen finde ich es nicht schlimm, manches verschwindet einfach, wenn es keinen Inhalt mehr hat.

Doch manches ist durchaus noch sinnvoll. »Bitte« und »Danke«. Der Unterschied zwischen einem vertrauten »Du« und einem höflichen »Sie«. Das Aufstehen, wenn ältere Menschen den Raum betreten und einen Platz suchen. Ein Lächeln für die Kassiererin, die trotz schlechtgelaunter Kunden die Ruhe bewahrt.

»Einer komme dem anderen mit Ehrerbietung zuvor«, steht in der Bibel (Römer 12,10b). Ein gutes Motto, finde ich. Und Gott beginnt damit. Er hört uns zu, wenn wir beten. Er lässt uns ausreden, auch wenn wir lange nach Worten suchen. Er sieht uns an – jeden Sonntag bekommen wir es im Gottesdienst zugesagt. Ich weiß nicht, ob Gott »Sie« oder »Du« zu mir sagt. Aber er nimmt mich ernst, das glaube ich. Und schenkt mir von seiner Haltung – zum Nachmachen. »Sie, Bitte, Danke« – ich muss sie nur wollen, diese kleinen Zeichen der Ehrerbietung. Sie machen uns das Ankommen leichter.

Ankommen und neu anfangen

»Neu waren für mich Flohmärkte. Da verkauft man seine alten Sachen an andere Leute. Bei uns war das nicht möglich. In meiner Heimat schämt man sich, alte Sachen zu verkaufen. Aber ich finde das gut.« So schildert Taha seine Eindrücke aus den ersten Monaten in Deutschland. Er kommt aus dem Iran.

Flohmärkte wären mir nun wirklich nicht als erstes ins Auge gefallen, so sehr habe ich mich an »Trödeltrupp« und »Bares für Rares« gewöhnt. Und dann kommt ein Mann aus dem Iran, hat Verfolgung und Flucht hinter sich und beobachtet mit fast liebevollem Blick das Freizeitvergnügen seiner neuen Landsleute. Und findet es auch noch gut, wie mit abgelegten Sachen umgegangen wird, obwohl es in seiner Heimat undenkbar wäre. Taha hat ein großes Herz. Mit diesem großen Herzen nimmt er wahr und entscheidet. Was für eine Voraussetzung für den, der an einem Punkt angekommen ist, an dem er komplett neu anfangen muss!

Was tun, wenn wir irgendwo ankommen, wo wir entscheiden müssen, wie es weitergehen kann? Dann heißt es wie bei Taha: Wahrnehmen, abwägen, Wege suchen. Mit möglichst großem Herzen. Ich gestalte neu, egal, was vorher war. Ich lasse mich nicht festlegen durch meine Lebensumstände. Ich nutze sie. Meine Stärken und

Schwächen. Ich erinnere mich bewusst an Situationen, in denen ich mich sicher und geborgen gefühlt habe. Und denke darüber nach, warum manches mich verletzt und gekränkt hat. Mit all diesen Erfahrungen im Rücken kann ich neu anfangen. Manchmal auf den Scherben zerbrochener Lebensträume. Denn im Scherbenhaufen angekommen kann Neues entstehen.

Die Bibel ist voll von Erzählungen über solche Neuanfänge. Menschen, die nicht hören können und eingesperrt sind in sich selbst, werden geheilt. Der Hunger von 5000 wird mit zwei Broten gestillt. Besessene werden von ihren Dämonen befreit. Ich frage nicht, ob diese Erzählungen wahr sind. Für mich sind sie wirklich. Denn ich kann mich in sie hineinlesen mit meinen eigenen Brüchen und Sackgassen, in denen ich angekommen bin. Die biblischen Geschichten erzählen mir, wie es einmal sein wird. Sie sind Verheißungen. Ein Versprechen für alle: Wir können neu anfangen.

Ankommen und es ist gut

Ich habe drei Stunden Unkraut gejätet. Meine Hände sind erdverkrustet, die Grünschnitttonne ist voll. Im Garten ist wieder Platz für Büsche und Stauden. Abends sitze ich mit einem Glas Wein auf der Terrasse und schaue auf mein Tagwerk: Das hast du heute geschafft! Was für ein schönes Gefühl!

Am Ende eines Vorhabens angekommen sein und sehen: Es ist gut geworden! Das vermisse ich manchmal in meiner täglichen Arbeit am Schreibtisch. Die To-do-Listen sind lang. Für jeden Haken, den ich setze, folgt eine neue Aufgabe. Zumindest empfinde ich das oft so. Ich bin gefühlt nie fertig und komme nie am Ende meiner Liste an. Und wenn, dann denke ich meistens: Hier hättest du aber noch ... Beim nächsten Mal könntest du auch noch ... Selten ist in meinen Augen gut genug, was fertig geworden ist.

Am Anfang der Bibel heißt es auffällig oft: »Gott sah, dass es gut war.« Die Schöpfungstage werden alle mit einer Art »angekommen sein« abgeschlossen. Gott schafft. Und am Ende hält er inne, schaut auf sein Tagwerk und stellt fest: Es ist sehr gut. Kein Blick voraus, keine Rede von »Morgen früh muss ich noch …« oder »Ich darf nicht vergessen …« Fünfmal geht in der biblischen Schöpfungsgeschichte der Blick zurück und ruht auf dem, was fertig ist. Fünfmal heißt es: »Und Gott sah, dass es gut war.« (1. Mose 1,10–25) Am Ende sogar: »Und siehe, es war sehr gut!« (1. Mose 1,31) Das sind starke Worte am Ende einer Aufgabe.

Ich gönne mir oft zu wenig Zeit, wenn ich am Ende einer Aufgabe angekommen bin. Innehalten? Zurückschauen? Weit gefehlt. Schnell noch einmal Korrekturlesen, dann wegschicken und weiter zum Nächsten. Doch was passiert, wenn wir uns im Beruf und im Privaten einmal die Zeit nehmen, anzuhalten und in Ruhe zurückzuschauen auf das, was wir geschafft haben? Innehalten am Ende eines Tages? Am Ende einer Arbeitswoche? In den Blick nehmen, was wir geschafft haben im Laufe des Tages oder der Woche. Bewusst ankommen am Ende unserer Aufgaben. Und dabei entdecken, wie gut vieles geworden ist.

Ankommen am Ende der Woche

Wir haben sie in den vergangenen Monaten öfter gehört als sonst: Die Glocken unserer Kirchen. Während des Lockdowns, als die Kirchen geschlossen waren, wurde oft geläutet. So konnten viele Menschen erreicht werden. Mehr noch als sonst haben die Glocken in unseren Alltag geläutet, damit wir nicht vergessen: »Du bist nicht allein. Mit dir hören viele andere diesen Klang. Mit dir falten jetzt viele andere die Hände und beten für das Dorf, für die Stadt, für die ganze Erde.«

Heute Abend werden wir sie wieder hören. In vielen Dörfern und Städten läuten abends die Kirchenglocken. Am Samstagabend läuten sie den Sonntag ein. »Ihr seid angekommen am Ende der Woche« tönen die Glocken in unsere Häuser. Sie unterbrechen den Alltag und schwingen sich in unsere Gedanken. Sie rufen zum Feierabend, zur Ruhe, zur Vorbereitung auf den Sonntag.

Europa ist der Kontinent der Läutekultur. Das mächtige Geläut der Kathedrale von Lissabon. Big Ben, die größte Glocke des Uhrturms im Londoner Palace of Westminster. Oder bei uns: Die Glocken des Kölner Doms. Das Geläut vom Hamburger Michel. Die tiefe Totenglocke der Marktkirche in Hannover. Und all die Glocken in unseren Heimatstädten und -dörfern, die uns so vertraut sind. Sie alle erzählen uns, dass es mehr gibt in unserem Leben als das, was vor Augen ist.

In fünf Monaten werden wir es wieder singen: »Süßer die Glocken nie klingen, als zu der Weihnachtszeit. S'ist, als ob Engelein singen wieder von Frieden und Freud.«[2] Genau das ist der Dienst, den die Glocken unserer Kirchen uns schenken. Sie geben den tönenden Hinweis, der unser Leben unterbricht. Sie läuten gegen falsche Gewöhnung und gegen Oberflächlichkeit. Sie rufen kraftvoll: »Mensch, erinnere dich daran, dass Gottes Gnade dein Leben trägt.« »S'ist, als ob Engelein singen.« Die Glocken nehmen uns mit in die Melodie Gottes für unser Leben. Eine Melodie, die uns ankommen lässt am Ende der Woche.

Anmerkungen
1 Martin Buber: Ich und Du. Stuttgart 1995, S. 102.
2 Süßer die Glocken nie klingen, Text: Friedrich Wilhelm Kritzinger (1826)/ Melodie: thüringisches Volkslied.

12 Timotheus und die Lateinschule von Alfeld

Katharina Henking
Superintendentin in Alfeld

Wer nennt seinen Sohn schon »Timotheus«?

Noah ist der klare Sieger. Er führt die bundesweite Hitliste der beliebtesten Vornamen an. Bei den Mädchen hat Hanna den 1. Platz geknackt. Unter den Neugeborenen geht es also ganz schön biblisch zu.

Noah auf Platz 1. Aber wer nennt seinen Sohn schon »Timotheus«? Timotheus, ursprünglich aus dem Griechischen und zu Deutsch »Fürchtegott«, ist weit abgeschlagen. Timotheus. Klingt vielleicht in manchen Ohren etwas angestaubt, ältlich. Mein Timotheus aber ist ganz anders.

Beide Hände hat er voll mit den heiligen Schriften. Die rechte ausgestreckt, präsentiert er ein Buch. Als wollte er es allen unter die Nase halten. Dabei wirkt er jung und leichtfüßig, der Timotheus. So jedenfalls begegnet er mir fast täglich. Ich komme nicht an ihm vorbei. Denn sein Zuhause liegt auf meinem Heimweg. Die Südfassade der Lateinschule in Alfeld. Ein prachtvoll bemaltes Fachwerkhaus im Stil der Renaissance. Diese Schule mit ihren geschnitzten Bildplatten auf allen vier Fassaden – allesamt farbig ausgemalt – ist ein echter Hingucker. Jetzt im Sommer zücken Fahrradtouristen ihre Smartphones fürs Foto und laufen dabei doch etwas ratlos um das schmucke Gebäude herum. Dem Betrachter des 17. Jahrhunderts war das prachtvolle Bildprogramm jedoch vertraut. All die Persönlichkeiten aus Bibel und Kirchengeschichte, aber auch die Tugenden und die Sinne. Konkret und gar nicht prüde dargestellt. Entblößte Brüste und Charakterköpfe. Unter ihnen auch Timotheus, der gelehrige junge Mann, Lieblingsschüler des Paulus. Der hat ihn gefördert, ihn auf seine Reisen mitgenommen und ihm, seinem jugendlichen Mitarbeiter, viel zugetraut. Irgendwann aber ist der Punkt gekommen, an dem Timotheus selbstständig die Leitung einer Gemeinde übernimmt. Paulus schreibt ihm zwei Briefe. Gibt ihm eine Menge guter Ratschläge. Stärkt ihn im Glauben und ermutigt ihn.

In seinem zweiten Brief an Timotheus lese ich immer wieder den Satz, der *für mich* in diesen Zeiten auf Platz 1 steht: »Gott hat uns nicht gegeben den Geist der Furcht, sondern der Kraft, der Liebe und der Besonnenheit« (2. Timotheus 1,7). Für mich heißt das: Was du brauchst für deine Aufgaben, das hast du schon. Deshalb musst du dich nicht lähmen lassen von der Angst. Du hast Kraft, hör auf dein Herz! Nimm dir die Zeit, deine Gedanken zu ordnen! Besinne dich auf diese Stärke!

Homeschooling

Sommerferien. Von Schülern heiß ersehnt. Abends solange aufbleiben, bis einem die Augen zufallen. Morgens dann ausschlafen bis in die Puppen. Einfach liegen bleiben und weiter träumen. Wohl dem, der so schlafen kann!

Endlich Ferien? In diesem Jahr ist alles anders. Auf den Kopf gestellt. Unsere Nachbarin, die kleine Ida, die nebenan in die Grundschule geht, hat nur einen Wunsch: Endlich wieder ganz normal zur Schule gehen! Lang, endlos lang war die Zeit, in der sie zu Hause bleiben musste. Schule war auf einmal am Esstisch. Mama am Laptop. Sie arbeitet von Zuhause aus und muss sich konzentrieren. Ida auch. Sie sitzt mit den Arbeitsbögen daneben. Homeoffice und Homeschooling: Eine anstrengende Mischung.

Idas Lehrerin hat sich ganz viel Mühe gegeben. Herzchen hat sie außen auf den großen Umschlag mit den Arbeitsblättern gemalt und sogar einen Brief geschrieben: »Ich vermisse Dich!« Ida geht es genauso. Bisher wäre ihr das nicht im Traum eingefallen. Dass sie ihre Lehrerin mal vermissen würde und umgekehrt.

»Dies schreibe ich dir und hoffe, bald zu dir zu kommen« (1. Timotheus 3,14). Paulus, der Verfasser der Timotheusbriefe, vermisst seinen Schüler. Er sehnt sich nach Kontakt und spürbarer Nähe. »Beeile dich, dass du bald zu mir kommst.« Biblische Sätze, die belegen: Es geht nicht ohne Beziehung. Das Lehrer-Schülerverhältnis ist die Basis. Übrigens auch für den Lernerfolg. Deshalb noch einmal Paulus an Timotheus: »Du aber bleibe bei dem, was du gelernt hast und was dir anvertraut ist, du weißt ja, von *wem* du gelernt hast.« (2. Timotheus 3,14) Entscheidend ist eben nicht nur *was* wir lernen, sondern auch von *wem*. Nicht nur der Stoff, sondern die Person. Sich gemeinsam an Lehrerpersönlichkeiten zu erinnern, die uns geprägt haben, tut gut. Das geht auch ohne Feuerzangenbowle. Es geht hoch her, wenn wir uns gegenseitig überbieten können mit Erinnerungen und Episoden, die uns die Heiterkeit in die Augen treiben, aber manchmal auch den vermeintlich längst vergessenen Zorn über erlittene Ungerechtigkeiten. Erzählen wir uns davon. An langen Sommerabenden ist Gelegenheit dazu; vor allem, wenn am nächsten Morgen kein Wecker klingelt.

Abtauchen in Geschichten

Es ist ungefähr sechs Wochen her: Ich schaue Luis über die Schulter. Das Enkelkind von guten Freunden hat das Heft selbst in die Hand genommen. Er hat sich ein strenges Programm erstellt. Der Vormittag ist durchgetaktet und läuft nach Plan. Pausen gibt es auch. Kleine und große. Mit Klingel und Frühstücksbrot. Rhythmus muss sein. Das ist Luis wichtig. Er zieht das durch. Löst die Matheaufgaben wie immer spielend, stöhnt ein bisschen über Deutsch und freut sich am meisten auf die Erdkundestunde. Die europäischen Hauptstädte kann er alle wie am Schnürchen aufzählen und beim Landkartenmalen vergisst er immer die Zeit. Damit kann sich dieser Junge stundenlang beschäftigen. Selbstvergessen ist er dann ganz bei der Sache. Eine wunderbare Gabe, wenn man sich so konzentrieren und vertiefen kann.

An der Alfelder Lateinschule kann man es sehen: Timotheus, der junge Mitarbeiter und Weggefährte des Paulus, hatte diese Gabe. Schon von Kindesbeinen an war er mit den heiligen Schriften vertraut. Durch die großen und kleinen Geschichten von Gott und der Welt wächst der Glaube, bildet sich Gewissen, werden die Fragen wachgehalten.

Meine alte Kinderbibel, ich habe sie immer noch. Warum bloß habe ich sie so streng gehütet? Sie ist weder schön bebildert, noch gut geschrieben. Der moralische Zeigefinger, der in jeder Geschichte irgendwann garantiert erhoben wird, nervt mich heute, wenn ich das abgegriffene Buch mal wieder zur Hand nehme. Aber noch immer kann ich mich erinnern, wie und wo ich sie gehört habe, die Geschichten. Am liebsten die aus dem Alten Testament. Da war mehr los. Die wollte ich hören. Immer wieder. Im Zimmer meiner großen Schwester. Wo es immer ein bisschen nach Rauch gerochen hat und die übervollen Bücherregale bis zur Decke ragten. Wir saßen gemeinsam auf dem weißen Flokati. Und sie hat mir vorgelesen. Wir konnten das gut: abtauchen in die Geschichten. Ja, gute Geschichten vertragen Wiederholung. »Fahre fort mit Vorlesen bis ich komme«, diese Aufforderung finde ich im 1. Timotheusbrief (1. Timotheus 4,13). Ein guter Rat. Einander vorlesen. Das geht auch im fortgeschrittenen Alter. Der Urlaub eignet sich zum Vorlesen. Abtauchen in gute Geschichten, sich vertiefen in die Hoffnungsgeschichten der Bibel. Und dabei die eigene Geschichte mal vergessen. Wie heilsam ist das!

Lieber Gott, mach mich fromm …

»Lieber Gott, mach mich fromm, dass ich in den Himmel komm!«

Dieses alte Kindergebet verfolgt mich. Nicht fromm genug zu sein, ein großes Lebensthema. Aber: ist es überhaupt erstrebenswert, *fromm* zu sein? Auf keinen Fall so wie meine Großmutter, die vollständig von sich und ihrer Frömmigkeit überzeugt war und keine Spur von Humor hatte. Mit meinen vielen Fragen konnte ich bei ihr nicht landen, sie ließ sie schlicht nicht zu. Landen konnte ich aber bei meiner Religionslehrerin. Eine leidenschaftliche Frau, die das Leben liebte und zum Lachen nicht in den Keller ging. Bei ihr waren alle Fragen zulässig. Sie hat mir eindrücklich vermittelt, dass ich meinen Verstand nicht abschalten muss, wenn ich glauben und beten will. Das war eine große Befreiung für mich.

»Lieber Gott, mach mich fromm …« In den beiden Timotheusbriefen begegnet mir das Wort *Frömmigkeit* auf Schritt und Tritt. »Übe dich selbst aber in der Frömmigkeit«, so appelliert Paulus an den jungen Mann Timotheus, der Leitungsverantwortung übernommen hat (1. Timotheus 4,7b). »Übe dich!« Frömmigkeit scheint also etwas mit Training zu tun zu haben. Das klingt eher nach Sportprogramm als nach Religion. Ohne Training sind sportliche Ziele nicht zu erreichen. Kann das auch für den Glauben gelten? Schließlich bekommen wir das Beste doch geschenkt. Weder Gnade noch Liebe können wir uns durch Leistung verdienen. Darin zumindest liegt das alte Kindergebet ja richtig: »Lieber Gott, mach mich fromm …« Es ist Gott, der uns fromm macht, nicht wir selbst!

»Übe dich in der Frömmigkeit!« Wozu soll das dann gut sein? Die Begründung folgt auf dem Fuße. »Die Frömmigkeit ist zu allen Dingen nütze und hat die Verheißung dieses und des zukünftigen Lebens« (1. Timotheus 4,8b). Frommsein wäre dann nicht einfach eine Eintrittskarte in den Himmel, sondern würde schon heute mein Leben in ein neues Licht setzen. Sich in der Frömmigkeit üben, hieße dann für mich: heilsame Unterbrechungen zulassen. Heute Morgen mit Worten von Martin Luther. Der Reformator nimmt seinen Platz am Nordgiebel der Alfelder Lateinschule ein.

> »Das Leben ist nicht ein Fromm*sein*, sondern ein Fromm*werden*, nicht eine Gesundheit, sondern ein Gesund*werden*, nicht ein Sein, sondern ein Werden, nicht eine Ruhe, sondern eine Übung […] es ist nicht das Ende, es ist aber der Weg.«[1]

Fürchtegott

»Heißt euer Tim eigentlich Timotheus?«, frage ich eine liebe Bekannte. »Gott bewahre!«, bekomme ich zur Antwort. »Nur, wenn ich mal ganz streng mit ihm sein will, nenne ich ihn so: Ti-mo-the-us.« Fürchtegott. Angst einjagen vor einem Gott, der alles sieht, dem nichts entgeht, das konnte sie gut, meine ach so fromme und zugleich abergläubische Großmutter. Es hätte ihr nicht gefallen, dass dieser furchteinflößende Gott so gut wie verschwunden ist aus den Kinderstuben und Kirchen. Geblieben ist der liebe, der nette Gott. Aber die Angst auch. Die Angst vor Verlust und Trennung. Die Angst, am Ende selbst verloren zu gehen. Wie kann ich es mit dieser Angst aufnehmen?

»Wir sollen Gott fürchten und lieben.« Ich hab sie noch lernen müssen, die Erklärungen zu den Zehn Geboten. Im Konfirmandenunterricht. Da sitzt er, der Reformator Martin Luther, ganz entspannt im ersten Stock am Nordgiebel der Lateinschule in Alfeld. Der sagt das so: »Wir sollen Gott fürchten und lieben.« Neunmal hintereinander. Als wollte er's uns einhämmern. Furcht und Liebe. Wie geht das zusammen, gelehrter Doktor Martinus? Oder meint Furcht nur so etwas wie Ehrfurcht?

Was aber ist mit der Angst? Ich gehe noch einmal ganz um das ehrwürdige Schulgebäude herum. Und finde ihn. Ganz links in der Ecke an der Südfassade. Ein Auto hat ihn fast gänzlich zugeparkt. So weit unten ist er zu finden. Jesus Christus. Im Erdgeschoss. Deshalb kann ich ganz nah an ihn rangehen. Obwohl er dargestellt ist als Himmelskönig. In der Linken die Weltkugel. Die Rechte segnend erhoben. Im 2. Timotheusbrief ist von ihm zu lesen: »Christus Jesus hat dem Tode die Macht genommen und das Leben und ein unvergängliches Wesen ans Licht gebracht durch das Evangelium« (2. Timotheus 1,10). Der kann es auch mit meiner Angst aufnehmen.

Vielleicht hat Martin Luther deswegen das erste Gebot so erklärt: »Wir sollen Gott über alle Dinge fürchten, lieben und vertrauen.«

Sehnsuchtsort Schule

Die Schule, ein Sehnsuchtsort? Nach langen Wochen, die sich wie Hausarrest angefühlt haben, mit gestressten Eltern, nervigen Geschwistern und ohne Treffen mit den Freunden, mag das so sein. Manche hat das Homeschooling an ihre Grenzen gebracht. Technisch. Pädagogisch. Nervlich. Bildung braucht einen Ort – nicht nur zum Lernen von Stoff und zum Ausfüllen von Arbeitsblättern. Sondern auch für die soziale Bildung, die Herzensbildung ebenso. Für gemeinsames Lernen und Wettbewerb. Das kann natürlich auch schiefgehen und sogar zur Pein werden.

Kopfrechnen im Wettstreit. Meine Klassenlehrerin liebte solche Spielchen. Es ist Jahrzehnte her, aber die Schmach kann ich noch heute fühlen. Wir mussten alle aufstehen. Sie stellte lautstark die Aufgabe. Ein ganzer Klassenraum unter Hochspannung. Wer die Lösung zuerst rief und richtig hatte, durfte sich setzen. Ich bin gar nicht zum Rechnen gekommen, so voll war der Kopf mit der Angst, als letzte stehen zu bleiben. Schulgeschichten sind nicht nur gute Geschichten.

Aber die Schule, sie ist ein guter Ort. Die Lateinschule in Alfeld muss das auch gewesen sein. Das zumindest ist ihr Anspruch. Die Inschrift über der Eingangstür zeigt es an. Da steht, nicht auf Latein, sondern im Deutsch des 17. Jahrhunderts, also damals für jedermann verständlich:

»Macht euch her zu mir, ihr Unerfarnen,
und kommt zu mir in die Schule,
und was euch feilet, das künt ihr hie lernen
(und was euch fehlt, das könnt ihr hier lernen),
denn ihr seid gewisslich sehr durstig.«

Ja, durstig sind wir immer. Auch, wenn wir längst aus der Schule raus sind. Durstig nach Erkenntnissen, die uns weiterbringen, nach Menschen, von deren Erfahrungen wir lernen, nach Quellen, aus denen wir schöpfen können. Mathe kann man abwählen. Die Sehnsucht nach Antworten nicht.

Kommt zu mir in die Schule. Was für eine Schule ist das? Ein letztes Mal fällt mein Blick auf Timotheus, den eifrigen Schüler und jungen Mann in Führungsposition. Seinen angestammten Platz an der Südfassade der Lateinschule hat er nicht verlassen. Er hält uns noch immer die Heiligen Schriften unter die Nase. *Groß ist das Geheimnis des Glaubens.* So kann man es in dem ersten der beiden Briefe lesen, die seinen Namen tragen (1. Timotheus 3,16). Bleiben wir diesem Geheimnis auf der Spur!

Anmerkung
1   Martin Luther: Grund und Ursach, 1521, WA 7, 336, 31 f.

13 Friedhofsgeschichten

Anja Stadtland
Pastorin in Flensburg

Pelle trinkt

Das Grab ist liebevoll gepflegt. Drei Jahre ist Wolfgang H. schon tot. 81 Jahre alt ist er geworden. Hätte er etwas dagegen, dass mein Hund morgens am liebsten aus der Plastik-Vase trinkt, die neben seinem Grabstein in der Erde steckt, in der Nacht vom frischen Regen aufgefüllt?

Jeden Tag stelle ich mir diese Frage, wenn ich mit Pelle auf den Friedhof trete, auf dem das Haus steht, in dem ich wohne. Der Hund hat Grundbedürfnisse. Vor allem nach einer langen Nacht. Er hat Durst und weiß, wo das Wasser besonders gut schmeckt. Ich weiß, dass er bald das Bein hebt, und ziehe ihn weiter. Runter von diesem besonderen Ort. Warum er nicht aufs Grab pinkeln soll, versteht er nicht. Busch ist Busch. Stein ist Stein. Aus Hundesicht. Das Nötige erledigt er dann außerhalb der Friedhofsmauern. In Ruhe schlendern wir zurück auf den Tränen-Wegen, in den Erinnerungsgassen, vorbei an den Verzweiflungsplätzen, den Kreuzungen von Vermissen und Verdrängen. Pelle schnüffelt. Für ihn kann es nicht langsam genug gehen. Viele haben ihren Duft hinterlassen rund um die Kirche. Seiner Nase entgeht nichts. Pelle folgt dem Hasen, riecht die Katze, identifiziert die Hündin von Gegenüber. Und ich lese die Schriftzüge auf den Grabsteinen, überschlage Lebensalter, gratuliere still an Jahrestagen, fantasiere Lebenswege. Die Ehefrau starb 24 Jahre vor ihrem Mann. Geboren 1943 – mitten im Krieg. Hört Vermissen irgendwann auf? Wie viel Streit passt in ein Grab? Und wie überlebt Liebe? Der Ort ist voller Geschichten, voller Leben, voller Leid. Verlieren sich Spuren irgendwann? Verstummen die Fragen?

Die Kirche in der Mitte der Wege ist offen. Pelle wartet draußen. Ich trete ein. Hier kommt alles zusammen. Wo die Achsen des Gotteshauses sich kreuzen, bleibe ich stehen. Fester Boden, Lebensschichten, keine Spur ist verloren – alles ist da. Gottes Wort erfüllt den Raum: »Ich bin das A und das O, der Anfang und das Ende. Ich will dem Durstigen geben von der Quelle des lebendigen Wassers umsonst.« (Offenbarung 21,6)

Auf dem Weg nach Hause lasse ich die Leine lang. Vor dem Grab von Wolfgang H. dreht Pelle sich um. »Ist ok!«, rufe ich ihm zu. Er versteht und löscht seinen Durst.

Der Zahn ist raus

Ich überquere den Friedhof, auf dem das Haus steht, in dem ich wohne. Die Sonne scheint. Doch auch im hellen Licht trägt dieser Ort ein Kleid von Abschied und Trauer – wie an jedem Tag. Viele sind unterwegs. In stiller Andacht, mit Gießkanne und Blumensträußen, zwischen den Gräbern, auf den Wegen. Dazwischen, im Schatten der Kirche, sehe ich das Mädchen. Es springt und tanzt – unbeschwert.

Plötzlich hinter mir schnelle Schritte. Ein Mann rennt knapp an mir vorbei. In Richtung Parkplatz. Ein Notfall – da ist was passiert, denke ich. »Kann ich helfen?« Er hört mich nicht. Das Mädchen läuft auf mich zu. »Stell dir vor, wir wollten das Grab besuchen. Und nun habe ich meinen ersten Zahn verloren!« Sie strahlt und zeigt mir erst den Zahn und dann die Lücke in der unteren Milchzahn-Reihe. Und mir fällt gefühlt alles aus dem Gesicht. »Gratuliere, das ist ja toll!«, bringe ich bei aller Verwirrung und dann doch ganz erleichtert heraus. »Und dein Vater holt jetzt Taschentücher aus dem Auto?« Sie lacht mich an. »Nein, den Foto-Apparat! Wir machen jetzt ein Foto. Mit Mama!« Schon ist sie wieder verschwunden. Der Vater kommt zurück, er hält die Kamera hoch, schon von Weitem. Er ist aufgeregt – mindestens so sehr wie seine Tochter. Wir lächeln uns an. Die Kleine ist auf die Friedhofsmauer geklettert und ist jetzt größer als ihr Vater. Stolz zeigt sie Zahn und Zahnlücke, den Ort, wo das Neue schon von unten durchbricht. Vater und Tochter machen Fotos, und ich gehe weiter.

Als ich später zurückkomme, sind beide nicht mehr da. Ich trete an das Grab. Der Stein gibt Auskunft. Zwei Jahre liegt ihr Tod zurück. Hat diese Lücke gerissen. Vor dem Grab der viel zu früh gestorbenen Mutter gerate ich ins Wanken. Ich werde das Bild nicht los: »Guck mal, mein erster Zahn ist raus!« Ich setze mich auf die Friedhofsmauer. Ein Foto mit Mama! Da springen mir die Frauen ins Bild, die am Ostermorgen auf dem Weg sind, um Jesus zu salben nach seinem Tod. Sie sind in Sorge: »Werden wir es schaffen, den Stein vom Eingang des Grabes wegzurollen?« Dann das Unfassbare: Der Stein ist weggerollt. Das Grab ist leer. »Wie sollen wir leben mit dieser Lücke? Jesus ist nicht mehr hier!« Die Welt wankt. Sie kehren um. Ihre ersten Schritte sind unsicher und schwankend. Aber sie spüren: Das Neue bricht durch auf ihrem Weg. Jesus lässt sie nicht los, Jesus lebt! Und sie beginnen zu springen und zu tanzen – unbeschwert.

Der Ball fliegt

Der Ball fliegt – im hohen Bogen rüber über die Hecke, die den Friedhof begrenzt, auf dem das Haus steht, in dem ich wohne, in dem auch der kleine Schütze wohnt. Ich stehe in der Küche und sehe den Schock in seinem Gesicht, in seinem Körper. Bewegungslos steht er da. Sein Schuss war unpräzise. Und dabei arbeitet er hart an seiner Technik, tagein, tagaus, damit genau das nicht passiert. »Bitte jetzt nicht Fußball spielen!«, darum hatte ich ihn noch gebeten, kurz bevor er rausging. »Dort findet gerade eine Trauerfeier statt! Und das Grab ist ganz dicht bei der Hecke!« Doch der Ball muss ja bekanntlich rollen. Und jetzt ist die Not groß. Vom Fenster aus kann ich sehen, wie er nachdenkt, abwägt, was jetzt zu tun ist. Er könnte nun ganz unauffällig über den Friedhof schlendern, gemäß der Schussbahn den Zielort des Balles erahnen, ihn ganz zufällig greifen und zurück gehen oder rennen.

Er könnte warten, hoffen, dass keiner was gemerkt hat, sein Training auf unbestimmte Zeit unterbrechen. Ich schnappe mir die Mülltüte, ein Vorwand, um raus zu gehen, um beiläufig meinem Kind zur Hilfe zu kommen. Doch soweit kommt es nicht. Eine ältere Dame in Schwarz taucht auf im Durchgang in der Hecke. Mit dem Ball im Arm. Ich halte den Atem an. Langsam geht sie zu meinem Kind. Gibt ihm den Ball. Sie reden. Minuten vergehen. Freundlich winken sie zum Abschied. Wenig später: Mein Sohn betritt die Küche – er erzählt nicht, ich frage nicht. Stilles Einvernehmen – die Szene draußen wirkt nach. »Wirf dein Brot ins Wasser, nach vielen Tagen kannst du es wiederfinden« (Prediger 11,1). Wie eine Schlagzeile durchfährt mich dieser rätselhafte Bibelvers. Der Prediger Salomo macht Werbung für das Geheimnis des Lebens, der Welt und des Schöpfergottes. Rechne mit dem Absurden! Mit dem Unberechenbaren! Mit einer krummen Summe, wenn du eins und eins zusammenzählst. So wie diese: Auf den Schuss folgt der Schock und die rote Karte. So müsste es kommen, eigentlich. Doch dann kommt es ganz anders. Der Ball landet genau in der Mitte. Ein präziser Schuss in die bedrückende Stille am Grab. Die Witwe zögert nur kurz und greift nach dem Ball. Ein Raunen geht durch die Menge. »Tut mir leid!«, sagt sie. »Das Spiel muss doch weitergehen!« Sie sucht kurz nach dem Weg und verschwindet hinter der Hecke.

Rehe sind nicht blöd

Wir teilen Lebensraum. Die Rehe und ich. Auf dem Friedhof, auf dem das Haus steht, in dem ich wohne. Sicher, wir haben unterschiedliche Interessen und Bedürfnisse, aber es gibt gewisse Schnittmengen. Rücksichtnahme klappt mal mehr und mal weniger gut – da spreche ich für beide Seiten. Rücksichtslos, wenn die Rehe nachts vor meiner Haustür rumspringen, den Bewegungsmelder irritieren und mich, wenn ich wach werde und meine, die Sonne geht auf!

Rücksichtslos, wenn ich mit dem Hund über den Friedhof laufe und wir sie beim Frühstück stören auf dem Grab mit den leckeren Tulpen.

Die Rehe sind nicht blöd. Sie haben sich ihren Lebensraum Friedhof aus gutem Grund ausgesucht. Hier finden sie, was sie zum Leben brauchen. Service und Infrastruktur sind rehfreundlich. Es gibt Platz und viel Ruhe. Das Nahrungsangebot ist vielseitig. Wenn die Glocken läuten, dauert es noch eine Weile, und der Tisch ist reich gedeckt. Beobachter wollen die Rehe schon ungeduldig hinter der Kirche gesehen haben, die frischen Kränze fest im Visier. Rehe sind nicht blöd. Doch sie provozieren Streit. Mit den Grabnutzern, den liebevoll Pflegenden, den Traurigen, die ihren Liebsten Blumen aufs Grab stellen. Tulpen sehen traurig aus mit abgefressenen Knospen. Zur Trauer kommt dann Wut – verständlich.

»Wer hier irgendwas anfasst, dem soll die Hand abfallen!«, lese ich auf einem Schild auf dem Grab inmitten von Blumen, Kerzen und Bildern. Trauer hat viele Gesichter, denke ich. Alles scheint möglich, wenn es im Innern tobt. Auch kriegsähnliche Zustände. Hier sind Menschen im Visier. Verdächtigt, zu verwüsten, zu stehlen, zu schänden. Ein Grab steht unter besonderem Schutz, dem Verstorbenen zur Ehre und aus Respekt vor der Trauer der Angehörigen. Das ist ungeschriebenes Gesetz, das gebieten der Anstand und die Menschlichkeit. Mitleid steigt in mir auf, während ich sprachlos am Grab des Unbekannten stehe. Hier ist so viel Schmerz.

Ich tu's, denke ich, laufe zum Beet vor meiner Tür, pflücke einen Strauß Narzissen. Rehe mögen keine Narzissen. Ich kehre zurück zum Grab und greife das Schild. Stelle den Strauß in die Vase auf dem Grab. »Gib Frieden, Herr, gib Frieden!« Eine kurze Liedzeile zur eigenen Beruhigung. Der Hund trägt's mit Fassung. »Komm, wir gehen nach Hause. Das Schild kommt in den Müll. Rehe sind zwar nicht blöd, aber lesen können sie nicht!«

Die Scherbe

Die Beisetzung findet im Kreis der engsten Angehörigen statt. Auf dem Friedhof, auf dem auch das Haus steht, in dem ich wohne. Die kleine Menschengruppe steht um das ausgehobene Grab. Niemand spricht, Tränen fließen. Die Träger sind bereit, lassen den Sarg hinab, an den Seilen. Alle haben schwer zu tragen an diesem Tod. Wie soll da jemals Gras drüber wachsen? Gott, ich will den Tod nicht. Meinen nicht und diesen hier nicht. Keinen Tod! Ich trete an das Grab und greife in die Schale mit frischer Erde: Erde zu Erde. Ein zweites Mal. Asche zu Asche. Mit bloßer Hand. Ein drittes Mal. Staub zu Staub. Im letzten Moment sehe ich die Scherbe. Grünes Glas inmitten der schwarzen Erde. Die hat da nichts zu suchen. Schnell greife ich ein viertes Mal in die Schale. Vorsichtig nehme ich das spitze Teil an mich, damit sich keiner verletzt. Doch der Schmerz geht mir unter die Haut. Stechend. Ich kann den Film nicht stoppen, der abläuft im Zeitraffer in meinem Kopfkino, etwa so: Die Frau tritt heraus aus der Gruppe, an das Grab, das Herz entzwei. Sie greift hinein in das zerbrochene Glas, schreit auf, weil es so weh tut. Oder so: Sie greift, zögernd, sieht die Scherbe, nimmt sie langsam, schaut in die Runde, bewegt die Lippen, spricht leise: »Du musst nicht mehr leiden. Du bist da, wo Frieden ist. Gott nimmt dich auf. Ich bin ganz sicher. Nichts wird uns trennen.« Noch steht sie da und reist in Gedanken an den Strand im Urlaub im letzten Jahr. Da sind die Spaziergänge zu zweit über den Teppich aus Muscheln. Barfuß, die Schuhe baumeln in der einen Hand, die andere ruht in seiner. Und manchmal muss sie einfach tanzen oder losrennen, das Glück fangen. Die Scherbe zwischen den Muscheln sieht sie nicht. Ihre Füße sind schneller als die Augen. Im Schmerz löst sich ihr Schrei. Die Wunde ist tief, Sand und Salz brennen wie Feuer. Er nimmt sie erst in und dann auf den Arm, trägt sie nach Hause und reinigt die Wunde. Danach sitzen sie viel auf ihrer Bank, mit Blick auf die Wellen. Alles ist jetzt ganz anders. Gespräche füllen die Tage. Manchmal schweigen sie nur. Dann macht sie Musik an und er tanzt. Auch für sie. Die Wunde heilt. Langsam geht es weiter im Schongang, Schritt für Schritt. Ihre Seele ist barfuß, die Scherbe ruht in der einen Hand, die andere baumelt – offen für ihn.

Der Berg ist versetzt

Ob ich es nicht manchmal unheimlich finde, fragen viele: So mitten auf dem Friedhof zu wohnen? Die Fantasie ist schwer zu bändigen. Bilder steigen auf – ganz von selbst. Filmszenen gibt es reichlich, die das Friedhofs-Image von Schrecken und Grauen noch unterstreichen. Im Dunkeln über den Friedhof – geht gar nicht! Was da alles passieren kann. Eine Erinnerung holt mich ein, heute Morgen auf meinem Weg über den noch menschenleeren Friedhof in der aufgehenden Sommersonne:

Es ist Karsamstag vor einem Jahr um 18 Uhr. Gleich trifft sich das Team in der Kirche. Den Osterfrühgottesdienst noch einmal durchgehen. Der Ablauf muss sitzen, morgen früh um 5.30 Uhr in der dunklen Kirche.

Die kleine Gruppe ist schon versammelt, draußen vor der Kirchentür. Wortfetzen erreichen mein Ohr. Aufgeregte Stimmen. Schnell erkenne ich, was los ist: Neben dem Eingang zur Kirche ein aufgeschütteter Berg aus Erde mitten auf dem Fußweg. Abgedeckt mit einer Kunstrasen-Decke. Es ist der Aushub für ein Grab daneben. Vorbereitet für eine Beisetzung nach den Feiertagen.

Ich stelle mich zur Gruppe. »Tja, wird schwierig morgen früh mit dem Zug rund um die Kirche!« Wir sind ratlos. Es ist ein fester Bestandteil des Gottesdienstes: Alle ziehen raus aus der Kirche, singend, mit kleinen Kerzen. An der Spitze der Kette aus Menschen wird die neue Osterkerze in die Welt getragen. Einmal rund um die Kirche gehen wir und bringen das Licht der Auferstehung auch zu den Verstorbenen. »Dann machen wir wohl einen Umweg! Blöd mit all den Kerzen und all den Menschen, aber es nützt ja nichts!« Ich versuche, Zuversicht auszustrahlen. Wird schon! Manchmal kann man Dinge eben nicht ändern! In der Kirche gehen wir den Ablauf nochmal durch. Alles verläuft nach Plan. Wir sind perfekt vorbereitet. Jeder und jede weiß, was er oder sie zu tun hat. Vor allem, den Wecker zu stellen!

Nach nur wenigen Stunden Schlaf gehe ich mit Stirnlampe über den dunklen Friedhof. Die anderen stehen schon vor der Kirche. Wieder Wortfetzen. Diesmal fröhlich, leiser Jubel, Ausgelassenheit in der Stille der Nacht. Im Kegel der Lampe kann ich es sehen und kaum glauben: Der Berg ist versetzt. Der Weg ist frei. Ein Wunder. Wer hat, wann, wie? Wieder Ratlosigkeit! Da kommt Waltraut. Sie strahlt. »Das warst du, oder?« Sie lacht. »Wenn mich jemand gesehen hätte mit meiner Schaufel heute Nacht!«

Wir singen laut, später im Licht der aufgehenden Sonne auf unserem Weg. »Christ ist erstanden!« Nichts ist unmöglich der, die da glaubt!

14 Was ferne liegt. Der Möglichkeitssinn

Matthias Lemme
Pastor in Hamburg-Ottensen

Das Glück braucht seine Zeit

»Junge Leute«, schreibt Goethe 1825 an einen Freund, »werden viel zu früh aufgeregt und dann im Zeitstrudel fortgerissen. Eisenbahnen, Schnellposten, Dampfschiffe sind es, worauf die gebildete Welt ausgeht, sich zu überbieten.«[1] Die Verführbarkeit zur Beschleunigung, zu Speed, steckt dem Menschen in der DNA.

Die Autorin Virginie Despentes begleitet den Pariser Plattenverkäufer Vernon Subutex in ihrer gleichnamigen Romantrilogie beim Älter- und Glücklichwerden. Der fällt aus seinen abgesicherten Gewohnheiten – wer kauft heute schon noch Platten? – und landet auf der Straße. Aber der soziale Abstieg ist in Wahrheit keiner. Eine hochexplosive Gruppe von Freunden – Penner und Pornostars, Transgendermenschen, rechte Ex-Punks und steinreiche Börsenmakler – sehen in ihm einen Heiler. Subutex heilt die Wunden der 40- und 50-Jährigen mit Musik, er legt auf wie ein Gott, während der durchgetanzten Nächte wachsen die Menschen über sich hinaus. Vor allem aber: zusammen.

Das Faszinierende ist: Die Handlung wird immer langsamer. Die illegalen Partys werden wochenlang geplant. Akribisch, mit Freude, ohne jede Hast. Die Auserwählten, die dann mit dabei sein dürfen, zehren Wochen und Monate vom tiefen Glück, das sie dort erleben.

Angesprochen auf diese Tempoumkehr, sagt die Autorin Virginie Despentes:

»Alles in unserer Gesellschaft ist auf das kurze Sofortglück angelegt, Espresso, Zucker, Facebook-Likes, Porno, Alkohol – immer geht es um Instantbefriedigung. Alle Hormone aber, die für echte Zufriedenheits- oder Glücksgefühle zuständig sind, werden da eher runtergefahren als angeregt. Die Sofortbefriedigung hindert uns an tieferem Wohlbefinden.«[2]

Auch das Glück braucht seine Zeit, um sich zu entfalten und belastbar zu werden. Nirgendwo steht geschrieben, dass alles immer schnell geht. Zuallerletzt in der Bibel. Der Heilige Geist blies erst mit 50-tägiger Verspätung den verzagten Ostermenschen neues Leben ein. Und Mose brauchte mit seinem Volk vierzig Jahre für den Weg in die Freiheit. Diese Mut-Geschichten erzählen vom langen Atem, den das Gelingen manchmal braucht. Und davon, auch das für möglich zu halten, was ferne liegt.

Mit den Füßen in der Wolke

Mit den Füßen in der Wolke – im Sommer entdecke ich mich manchmal dabei. Und freue mich jedes Mal über dieses klitzekleine Stück Widerstand, nicht gänzlich an der Wirklichkeit festzukleben. Nichts gegen die Wirklichkeit, gegen ein gesundes Gespür für die Gegebenheiten und einen fröhlichen Pragmatismus. Aber so hundertprozentig geerdet, ohne all die Dinge, die ein wenig Fantasie brauchen – Robert Musil spricht vom Möglichkeitssinn[3] – wäre die reale Welt so spannend wie ein ausgeleiertes Gummiband. Wer die Füße in der Wolke hat, von Zeit zu Zeit, wird klüger und hellsichtiger als all die erbsenzählenden Sachlichkeitsverwalter.

Die Festgemeinde, die sich in Jerusalem traf, die hatte es nicht auf dem Schirm, dass Gott ja selbst zu Besuch kommen könnte. Obwohl es ja eigentlich genau um ihn ging. Alle waren gekommen, um das neue Haus einzuweihen, den Tempel. Zwanzig Jahre Bauzeit, endlich ein Zuhause, ein würdiger Ort für Gott und die Menschen. 120 Trompeten, Priester und Leviten stehen bereit. Aber als die Reden gehalten und die Dankgebete gesprochen werden sollen, als das Fest seinen Höhepunkt erreichen soll – kommt es anders. Im biblischen Buch der Chronik heißt es: »Da wurde das Haus erfüllt mit einer Wolke, sodass die Priester nicht zum Dienst hinzutreten konnten wegen der Wolke; denn die Herrlichkeit des HERRN erfüllte das Haus Gottes« (2. Chronik 5,13b–14). Statt Glanz und Gloria, großer Worte und Gesang: eine Wolke im Gotteshaus. Die Priester und Festredner verstummen im dichten Nebel, die Trompetenspieler hören auf zu spielen.

Erst im Nachhinein wird dieser Nebel als die Präsenz Gottes gedeutet. Als eine irritierende Gottesgegenwart, die sich einer allzu großen religiösen Betriebsamkeit in den Weg stellt. Ein schönes Schauspiel. Vielleicht auch ein Merkzettel zur rechten Zeit. Ein irdischer Lockdown, weil Gott zu Besuch kommt. Was ja bei Tage betrachtet naheliegend ist, wenn man den Tempel, das Haus Gottes, einweiht, um Gott ein Zuhause zu bereiten. Aber für diesen dann doch fernen Gedanken, dass Gott plötzlich nahekommt und das Fest-Protokoll zerlegt, braucht es einen gut trainierten Möglichkeitssinn. Darum: Wer mit den Füßen in der Wolke steht, sieht mehr. Und weiter. Und von Zeit zu Zeit auch einen Gott, der zu Besuch kommt.

Ich lass mir Zeit

Ich lass mir Zeit. Mein Satz für den Sommer. Nicht, weil ich so wahnsinnig viel Zeit übrighätte. Sondern weil ich begreifen will, warum ich regelmäßig aus der Zeitschiene fliege wie aus einer zu engen Kurve. Also, großes Gedankenspiel für den Sommer: Ich lass mir Zeit. Auch dem Glück. Meinen Plänen. Und dem Erfolg.

Es gehört zur Signatur unserer Zeit dazu, dass alles immer schneller gehen soll. Nicht immer kann ich mich diesem Beschleunigungssog widersetzen. Aber erstaunlich oft geht es einfacher als gedacht. Wo steht geschrieben, dass ich die Wohnung in zwei Stunden geputzt, einen Text schon bis übermorgen geschrieben, das Fahrrad am besten schon gestern repariert haben muss? Ich erhöhe den Druck im

Kessel, wenn ich den Lauf der Dinge in Stunden und Millisekunden pressen will. Ich kann aber auch die Möglichkeit an die Luft lassen, dass es ja noch andere Zeitmessmethoden gibt, die menschen- und auch magenfreundlicher sind.

Wie wäre es mit einer Weile? Einer langen Weile – oder einer kurzen Weile? Wir weilen ein paar Tage am See, vielleicht aber auch ein Weilchen länger? Oder die Dauer – die Dauer ist geduldig und langmütig. Ist es so schlimm, wenn alles ein wenig länger dauert? Und damit manche Hast sogar überdauert?

Der Keyboarder der Band Rammstein, Spitzname Flake, sagt: »Bands, die lange bestehen, sind auch erfolgreich.«[4] Die Gründe, warum Bands sich trennen, seien so gut wie immer Geld, Eifersucht oder beides. Damit wären Geld und Eifersucht und Ungeduld Garanten für den Misserfolg – immer dort, wo Menschen miteinander etwas erreichen möchten und zu früh die Flinte ins Korn werfen. Die Band Rammstein gibt es seit 26 Jahren, ihr Erfolg ist auch eine Folge des Zusammenhaltens und Aneinander-Festhaltens bei gedrosselter Geschwindigkeit. Alle Entscheidungen in der Band müssen einstimmig getroffen werden, das kann dauern.

Im Predigerbuch der Bibel stehen die geflügelten Worte, das alles seine Zeit hat (Prediger 3,1–8). Für mein Sommerexperiment dichte ich diese ein wenig um. Klar *hat* alles seine Zeit. Alles *braucht* aber auch seine Zeit. Aufräumen braucht seine Zeit, Fahrradreparieren ein wenig mehr, Gedichte schreiben braucht eine große Weile länger – und das Fertigwerden: das dauert an.

Was ist Zeit?

Julia ist fünf und hat alle Zeit der Welt. Weil sie noch kein Zeitgefühl hat. Und weil sie sagt: »Aber ich kann die Uhr nicht lesen!« Ihre Eltern finden diese Widerspenstigkeit theoretisch wunderbar, praktisch verzweifeln sie regelmäßig an ihr. In der Kita ist Julia meistens zwanzig Minuten zu spät. Wie das die anderen Eltern hinbekommen?

Für Julia ist die Welt voll wiederkehrender Möglichkeiten. Alles andere macht auch keinen Sinn. Natürlich kann man spielen und Müsli essen und sich anziehen irgendwann – und dann immer noch in die Kita gehen. »Versteht ihr das denn nicht?«

Julia bringt ihren Eltern täglich bei, dass es nicht allein den Wirklichkeitssinn gibt, sondern vor allem doch den Möglichkeitssinn. Die Eltern sind schlechte Schüler, Julia verliert oft die Geduld mit ihnen. Für die Eltern gibt es immer nur klare Zeiten. 7.30 Uhr. 8.10 Uhr. Spätestens 8.25 Uhr anziehen. 8.30 Uhr die Kita-Tür öffnen. Für Julia gibt es morgens und abends, Frühling und Sommer, wenn es hell ist und wenn es dunkel ist. Aber »zu früh« und »zu spät«? Versteht sie nicht.

Zeit ist ein fragiles Konstrukt. Eine kühne Versuchsanordnung. Das weiß auch der Prophet Daniel, wenn er sagt: »Er [Gott] ändert Zeit und Stunde«, »er offenbart, was tief und verborgen ist«. »Gelobet sei der Name Gottes von Ewigkeit zu Ewigkeit« (Daniel 2,20–22).

Was Zeit eigentlich ist? Auf jeden Fall nichts Unabänderliches. Wir messen das Sich-Verändern der Dinge – in Tagen und Stunden und Hundertstel-Sekunden. Aber ausgeliefert sind wir dieser Zeiteinteilung nicht. Das Ticken der Uhren ist eher ein Tick von uns. Oft nützlich, nicht immer aber sinnvoll.

Früher lebte der Mensch ausschließlich in Zyklen, auf den Inseln der wiederkehrenden Tages- und Jahreszeiten. Heute reihen wir die Stunden und Tage auf einer Perlenkette auf, wie auf ein Lineal gezogen, mit Anfang und Ziel. Der Prophet Daniel würde darüber lachen und sagen: Anfang und Ziel? In Gottes Namen, nein – von Ewigkeit zu Ewigkeit!

Julia weiß aus sich selbst heraus, dass Zeit kein Hundertmeter-Lauf mit hängender Zunge ist. Sondern so was wie ein Ozean mit vielen kleinen Inseln. Inseln, auf der man die Uhr eben nicht lesen können muss. Und genau deswegen in einem Meer der Möglichkeiten schwimmt.

Der Möglichkeitssinn

Endlich ist er da. Der Brief. Die Schrift auf dem Umschlag erkennst du sofort. Bei der Frankierwelle oben rechts denkst du an die gemeinsamen Tage an der Ostsee. Das Wolkenmotiv auf der Briefmarke ist nicht von der Stange. Seit Tagen hast du auf diesen Brief gewartet, sehnsüchtig. Ob das, was in ihm zu lesen sein wird, deinen Erwartungen entspricht? Im Treppenhaus wirst du den cremefarbenen Umschlag noch nicht aufreißen, aber gleich, oben im Flur.

Es geht auch anders. »Eines Tages lag ein Brief von Szilvia im Briefkasten«, schreibt der norwegische Autor Tomas Espedal in seinem Buch »Bergeners«.

»Ich ließ mir drei Tage Zeit, bis ich ihn aufmachte. Ich wartete bis zum Freitag, das ist der Tag, an dem ich die eingegangenen Briefe öffne; die Woche ist fast vorbei, sie ist ohne Störungen vergangen, jetzt kann ich die Briefe, den Brief öffnen.«[5]

Lange hatte der Autor gewartet. Vor zwei Monaten hatte er Szilvia kennengelernt. Ihre Worte beim Abschied: »Ich werde dir einen Brief schreiben, in dem Brief werde ich dir ein Geheimnis verraten.«[6]

Einen Brief aufreißen oder ihn liegenlassen. Geht es ums Warten-Können? Um die Lust an der Vorfreude? Oder um innere Gelassenheit? Fest steht: Es geht immer auch anders. Anders als eingeübt. Und anders als es naheliegt. Ich habe so lange gewartet auf diesen Brief, jetzt kann ich auch noch drei Tage länger warten. Die Anekdote von Tomas Espedal erzählt etwas über den Möglichkeitssinn. Wir haben einen Sinn für das, was ist. Und einen Sinn für das, was möglich ist. Für den Möglichkeitssinn muss man um die Ecke denken. Dann sieht man zuweilen, was ferne liegt. Aber auf den zweiten Blick sinnvoll ist.

Als Jesus sich von Johannes taufen lässt und als auserwählt erkannt wird, zieht er sich erstaunlicherweise zurück. Er flieht vor allzu großen Erwartungen in die Wüste, pilgert zu den Quellen seiner Gebete. Auf dieser Reise zu Gott schärft Jesus seinen Sinn für das, was möglich ist. Und nicht auf den ersten Blick zu sehen. Erst nach vierzig Tagen beginnt Jesus zu reden. Über die taghelle Möglichkeit, anders zu leben. Langsam, aber mutig. Frei – und in Gottes gute Absichten eingehüllt (Matthäus 4,1–11).

Als der Autor Tomas Espedal den lang ersehnten Brief schließlich öffnet, an einem Freitag, läuft er nach draußen, holt den Ersatzschlüssel seines Hauses aus dem Versteck – und legt ihn in einen Briefumschlag. »Für Szilvia«, schreibt er drauf.

Die Luke zum Himmel

Meine schönsten Ferienerinnerungen wirken im Nachhinein entschieden aus der Zeit gefallen. Endlose Kanu-Touren im Faltboot, mit Zelt und kleinem Gepäck. Wandertouren, die kein Ziel, aber einen stimmigen Rhythmus hatten. Oder Ostseeurlaube, die aus nichts als Sand und Strand und Fassbrause bestanden. Die Tage hatten keine Namen, manchmal gab es ein Gewitter, die Zeit war zu Hause geblieben und niemand vermisste sie. Wir sprachen nicht von Erholung, diese stellte sich irgendwann von selbst ein. Diese Passivität in Ferien- und Auszeiten wirkt heute anachronistisch – bis vor kurzem haben sich die Erwartungen an die optimale Urlaubsgestaltung in bedenkliche Höhen geschraubt. Was man alles tun und wie man die kostbaren Tage möglichst gut nutzen könnte!

Dabei liegt es nahe, dass das Glück nicht automatisch in der Ferne, in durchgeplanten Tagen und wildem Flughafen-Hopping liegt. Dieses Glück, sich erholen, sich etwas wiederholen zu dürfen von dem, was im Alltag verschüttet gegangen ist. Oft ist das ja eine Sache der Muße – zu fragen, wo stehe ich, wie bin ich an- und eingebunden, wie kann ich wachsen, aber auch zu mir kommen?

Die alten Psalmenbeter übten oft den Blick in die Ferne, zu einem Gott, den sie sich in die Nähe sangen. So fühlten sie sich gesehen und aufgehoben, nahmen aber gleichzeitig das eigene Treiben nicht über die Maßen ernst: »Lehre mich, Gott, dass meine Tage eine Handbreit sind bei dir« (Psalm 39,6), sangen sie und wunderten sich ehrlichen

Herzens: »Die Menschen machen sich viel vergebliche Unruhe; sie sammeln und wissen nicht, wer es kriegen wird.« (Psalm 39,7)

Wer hin und wieder die Luke zum Himmel öffnet, schärft auf wundersame Weise seinen Möglichkeitssinn. Zu viel Unruhe im Urlaub? Freie Tage, randvoll gefüllt? Auf gar keinen Fall, Schluss mit dieser rosaroten Selbsttäuschung.

Ließen wir den Möglichkeitssinn auf unsere Urlaubsplanungen los, würde dieser uns das Smartphone aus der Hand nehmen und mit einem Fingerstreich die meisten Apps löschen. Wir würden dann drei oder vier Wochen an einen Ort fahren. Vielleicht ganz in der Nähe. Wir trödeln und schwimmen, nicken ohne schlechtes Gewissen in der Hängematte ein, vergessen die Namen der Tage – und sagen am Ende: Das machen wir jetzt die nächsten zehn Jahre. Genauso.

Anmerkungen

1 Johann Wolfgang von Goethe in: Friedrich Wilhelm Riemer (Hg.): Briefwechsel zwischen Goethe und Zelter in den Jahren 1796 bis 1832, Berlin 1834, S. 49 f.
2 Virginie Despentes: »Espresso, Zucker, Facebook-Likes, Porno, Alkohol – immer geht es um Instantbefriedigung«, tagesanzeiger.ch vom 21.03.2018.
3 Robert Musil: Der Mann ohne Eigenschaften. In: Adolf Frisé (Hg.): Gesammelte Werke, Bd. 1. Reinbek bei Hamburg 1978, S. 16.
4 Peter Richter: »Wozu soll man überhaupt erfolgreich sein?«, Süddeutsche Zeitung, 13.12.2018. https://www.sueddeutsche.de/kultur/flake-rammstein-vorlesung-1.4251656 (Zugriff am 13.12.2020).
5 Tomas Espedal: Bergeners. Berlin 2018, S. 119.
6 Espedal 2018, S. 122.

15 Die Beatles und John Lennon

Christoph Störmer
Pastor im Ruhestand aus Hamburg

All You Need Is Love

Türen auf – und hinaus ins Freie! Das hätte ein Motto der Beatles sein können. Von 1960 bis 1970 veränderten sie mit ihrer Musik die Welt. Die vier Pilzköpfe aus Liverpool berühren noch heute die Herzen rund um den Globus. Und das ein halbes Jahrhundert später! Laut Wikipedia ist die britische Beat- und Rockband mit mehr als 600 Millionen verkauften Tonträgern die erfolgreichste Band der Musikgeschichte.

Türen auf und hinaus ins Freie! Es war ein geradezu pfingstlicher Sturm, der durch die 60er-Jahre wehte und die Leute auf die Straßen trieb und die Verhältnisse buchstäblich ins Wanken und zum Tanzen brachte.

Im letzten großen Interview, das John Lennon kurz vor seiner Ermordung vor vierzig Jahren gibt, antwortet er auf die Frage, was die Beatles damals bewegt habe:

> »Welcher Wind auch immer damals blies, er hat auch die Beatles bewegt. Ich behaupte nicht, dass wir nicht die Fahnen oben auf dem Schiff waren. Aber das ganze Boot war in Bewegung. Vielleicht saßen die Beatles im Mastkorb und brüllten ›Land in Sicht!‹ oder irgend so was [...] Man kann nicht durchs Leben gehen, indem man sich den Mastkorb anschaut. Irgendjemand muss die Segel setzen.«[1]

Und seine Frau Yoko Ono ergänzt etwas, das mich an die Pfingstgeschichte aus der Bibel erinnert:

> »Ich bin sicher, dass es Leute gibt, deren Leben davon beeinflusst wurde, dass sie indische Musik oder Mozart oder Bach gehört haben. Aber bei den Beatles spielten mehr als alles andere die Zeit und der Ort eine Rolle. Irgendwas ist da passiert […] Es war, als hätten sich mehrere Menschen um einen Tisch versammelt und ihnen wäre ein Geist erschienen. So eine Art von Kommunikation war das […] Es war mehr als nur die vier. Sie hatten irgendwas am Laufen […] So was kann man nicht erzwingen. Es waren die Menschen, die Zeit, ihre Jugend und Begeisterung. Sie waren wie Medien. Sie waren sich nicht über alles bewusst, was sie sagten, aber es kam durch sie zum Ausdruck.«[2]

Und was kam zum Ausdruck? »All you need is love.« Diese Botschaft ging im Juni 1967 live um den Globus zu einer halben Milliarde Menschen. »Our World« hieß diese erste von der BBC weltweit ausgestrahlte Sendung. Die Beatles sangen: »Es gibt nichts, was du tun kannst, was nicht auch getan werden könnte, es gibt nichts, was du nicht lernen könntest, um zum richtigen Zeitpunkt zur Stelle zu sein. Es ist leicht. Alles was du brauchst, ist Liebe. All you need is love.«

Klingt fast wie bei Paulus: Ohne die Liebe wäre alles nichts (1. Korinther 13,1–3).

Magical Mystery Tour

Alles begann 1957 beim Gartenfest einer Liverpooler Kirchengemeinde. Da begegneten sich John Lennon und Paul McCartney bei der Woolton Parish Church. Später kamen George Harrison und Ringo Starr dazu. Dann der 17. August 1960, ziemlich genau vor sechzig Jahren: Das erste Konzert in Hamburgs Rotlichtviertel St. Pauli unter dem Namen »The Beatles«. Zehn Jahre später hatte sich die erfolgreichste Rockgruppe aller Zeiten schon wieder aufgelöst.

Was war da geschehen? Offensichtlich stießen die Beatles Türen zu völlig neuen Welten auf. Wie sonst wäre die unglaubliche Resonanz zu erklären? Eine Spur führt zu Friedrich Nietzsche, der stets die lebensbejahende Bedeutung von Musik, Tanz und Gelächter betont hat. Genau dies Ekstatische, Aus-der-Reihe-Tanzende verkörpern die Beatles. Sie rütteln an geläufigen Denk- und Wahrnehmungsmustern und bringen erstarrte Verhältnisse in Bewegung, indem sie ihnen eine neue Melodie vorspielen, mit Witz und Fantasie. Mit bizarren, surrealistischen Einfällen nehmen sie einen mit auf eine *Magical Mystery Tour*, so der Titel eines Albums. Sie führen einen auf Erdbeerfelder, auf Strawberry Fields, doch »nothing is real«, nichts ist wirklich. Dionysos, der Gott des Weins im antiken Griechenland, lässt grüßen. Bei Nietzsche steht das Dionysische für eine Dimension, die in Philosophie und Religion zu oft ausgeklammert wird: Rausch und Kreativität, Leidenschaft und Sex. Kategorisch lässt er seinen Zarathustra erklären: »Ich würde nur an einen Gott glauben, der zu tanzen verstünde.«[3]

Einen tanzenden Gott findet man in Indien. Genau dorthin gingen die Beatles, wie viele andere junge, spirituell suchende Menschen damals. Sie besuchten Meditationskurse bei Maharishi Mahesh Yogi. Eine kurze Episode, denn schnell wandten sie sich ernüchtert ab von allen Gurus. Und fanden zu einer eigenen religiösen Sprache, besonders in der Nach-Beatles-Zeit. George Harrison sang sein »My sweet Lord«, John Lennon sein »Imagine«, beides Hymnen, die bis heute bewegen, zu denen man tanzen und sich bewegen mag.

Bleibt für mich die Frage, wo in Kirchen ein Gott zum Tanz einlädt. Wo ist das dionysische, feiernde, lebensbejahende Element? Jesus wurde als Fresser und Weinsäufer kritisiert. Er konterte: »Wir haben euch aufgespielt, doch ihr wolltet nicht tanzen« (Matthäus 11,17a).

Immerhin gibt es ein Lied, das hin und wieder gesungen wird: »Lord of the Dance«. Jesus als Gott des Tanzes. In meiner ehemaligen Kirche in Hamburgs City gibt es ein altes Gemälde mit einer bizarr anmutenden Szene: Der Auferstandene tanzt auf einer Grabplatte. Wer diesen Tanz aufnimmt, wird auch Teil einer *Magical Mystery Tour*. Doch das ist eine neue Geschichte …

The Long And Winding Road / Let It Be

Fünfzig Jahre alt ist das Lied, und es läuft immer noch über die Radiosender: »The long and winding road / that leads to your door« –

> Die lange, gewundene Straße, die mich führt zu deiner Tür –
> sie wird niemals verschwinden, ich kenne die Straße schon,
> sie führt immer hier her, führt mich zu deiner Tür.

Das klingt wie ein Psalm, wie ein Gebet. Von einer wilden, stürmischen Nacht wird erzählt, die einen ganzen See an Tränen zurückgelassen hat und in die Bitte mündet: »Lass mich den Weg wissen. Führe mich zu deiner Tür.«

»The Long And Winding Road« findet sich auf dem letzten Album der Beatles von 1970. Man kann nur staunen, welche Energie und Fantasie diese vier Musiker innerhalb von knapp zehn Jahren freigesetzt haben. Ihre Klänge und Arrangements waren wie ein frischer Wind. Mit Geist und Witz rüttelten sie an den verkrusteten Strukturen der späten 60er-Jahre. Richard Nixon wollte sie bei einer Tournee ausweisen aus den USA, der Ku-Klux-Klan bedrohte sie und fundamentalistische protestantische Kirchen im amerikanischen Bible Belt verbrannten ihre Schallplatten, weil John Lennon in einem Interview mal ironisch bemerkt hatte, die Beatles seien populärer als Jesus.

Dabei waren sie auch auf seiner Spur. Ich jedenfalls habe sie so verstanden. Das Titellied ihres letzten Albums war bei meinen Konfirmanden beliebt und fand Eingang in manchen Gottesdienst: »Let it be.«

Es ist erst ein paar Monate her, da meldete sich Alexander bei mir, ein ehemaliger Konfirmand vom Anfang der 90er-Jahre. Wir trafen uns und er erzählte, dass er diese kleine Glaubenslektion in englischer Sprache nicht vergessen habe: Let it be – das heißt nicht: Vergiss es, lass es sein, sondern im Gegenteil: Gib nicht auf, lass es jetzt einfach geschehen. Deine Tränen, deine Traurigkeit – lass sie zu, eine Antwort wird sich finden. »There will be an answer, let it be«.

Und woher kommen dieser Trost, diese Gewissheit? Von Maria. So hieß die früh verstorbene Mutter von Paul McCartney, so hieß aber auch die Mutter Jesu. Die Liverpooler Jungs aus dem katholisch geprägten Milieu hatten sie im Blick.

»When I find myself in times of trouble
mother Mary comes to me
speaking words of wisdom: Let it be.«

Es läuft nicht immer alles so, wie ich es will. Dann braucht es diese Zuversicht, die auch Jesus fand, wenn er betete: Dein Wille geschehe. Let it be. Im Vertrauen darauf, dass die long and winding road, die quälende Wegstrecke, mich zu deiner Tür führt.

Eleanor Rigby / Hey Jude

Vor fünfzig Jahren trennten sich die Beatles. Grund genug, noch einmal in ihre Lieder zu horchen. Die können todtraurige Geschichten mit wenigen Strichen herzerwärmend erzählen. Da ist zum Beispiel Eleanor Rigby, die bei einer Hochzeit vom Reis, der vor der Kirche geworfen wird, etwas mitnimmt. Sie lebt in einem Traum. Und wartet, am Fenster, ist wie eingefroren. Ach, all die einsamen Menschen, wo kommen die alle her? Und da ist Father McKenzie, »writing the words of a sermon that no one will hear«, der Pfarrer, der die Predigt schreibt, die keiner hören wird. »All the lonely people, where do they all come from?« Dann stirbt Eleanor Rigby, in der Kirche, sie wird beerdigt. Keiner kommt. Father McKenzie wischt den Schmutz von der Hand, als er sich vom Grab wendet. Keiner wurde gerettet. »All the lonely people.«

Das wird so mitfühlend erzählt und gesungen, dass in all dem Traurigen fast wieder Tröstliches liegt. Indem ungeschminkt gesagt wird, was ist. Da sind sie, die vielen einsamen Menschen, von denen auch ich vielleicht einer bin.

Und dann deutet sich ein Weg aus der Einsamkeit an: Indem man das mitsingt. Und so in eine neue Schwingung kommt. Erstarrtes kommt ins Fließen.

Da ist zum Beispiel das andere Lied: »Hey Jude, don't make it bad, take a sad song and make it better.« Paul McCartney hat es ursprünglich für den fünfjährigen Julian komponiert, den Sohn John Lennons, nach dessen Trennung von seiner ersten Frau Cynthia.

Hey Junge, mach's nicht schlecht, komm nicht unter die Räder, nimm ein trauriges Lied und mach's besser. Nimm's dir zu Herzen, dann kannst du beginnen, es besser zu machen … Wenn du den Schmerz fühlst, dann pass auf, lad dir nicht die ganze Welt auf die Schultern. Es ist idiotisch, einen auf cool zu machen, indem man seine Welt noch etwas kälter macht … Du wartest auf jemanden, der es macht und weißt nicht, dass du selbst es bist? Die Bewegung, die du brauchst, ist auf deiner Schulter.

»The movement you need is on your shoulder« – und dann setzt auf der über acht Minuten langen Aufnahme ein ganzer Chor ein, so, als ob da ganz viele sind, die dem traurigen Jungen den Rücken stärken.

Ich glaube, die Beatles finden in manchen ihrer Lieder einen geradezu seelsorgerlichen Ton. Ihr Erfolg liegt auch darin, dass sie mit ihren Liedern emotional abholen – und herauslocken. Auch in traurigen Momenten schläft ein Lied. Wer den Ton trifft, kann Blockaden lösen.

The Ballad Of John And Yoko

Es ist eine tragische, schicksalhafte Geschichte. Im Spätsommer vor vierzig Jahren begann ein mehrwöchiges Interview mit dem vierzigjährigen John Lennon und seiner Frau, der japanischen Künstlerin Yoko Ono. Zehn Jahre nach dem Ende der Beatles war Lennon aus dem Rampenlicht abgetaucht, kümmerte sich fast ausschließlich um den gemeinsamen Sohn. Die Familie wohnte nah am Centralpark in New York. Was eine Zwischenbilanz sein sollte, wurde zur letzten ausführlichen Selbstmitteilung des Künstlers. Denn zwei Tage nach der Publikation des Interviews wurde Lennon vor seiner Haustür erschossen.

Einmal sagt er in dem Interview:

»Mahatma Gandhi und Martin Luther King sind gute Beispiele für großartige Verfechter der Gewaltfreiheit, die durch Gewalt umkamen. Ich krieg das nicht auf die Reihe. Wir sind Pazifisten, aber ich weiß nicht recht, was es bedeuten soll, wenn einer so sehr Pazifist ist, dass er erschossen wird. Das werde ich wohl nie begreifen.«[4]

Schon früher musste Lennon um sein Leben fürchten, der Ku-Klux-Klan hatte ihn im Visier, ebenso wie das FBI, wegen seiner Kritik an der Politik der USA wollte man ihn des Landes verweisen, noch bis kurz vor seinem Tod kämpfte er um die Greencard, die Erlaubnis, im Land bleiben zu dürfen. Und dann war er eine Zielscheibe des Hasses für verbohrte Christen – wegen seines hingeworfenen Satzes, dass die Beatles populärer seien als Jesus.

Dabei war John Lennon mit seinem pazifistischen Engagement durchaus in der Spur des Gekreuzigten. Die Zeit der Flitterwochen inszenierten John Lennon und Yoko Ono als »Bed-in«, weil die Presse ihnen ohnehin auf den Fersen war. Sie saßen in einem Hotelbett und sprachen mit den Reportern und nutzten die weltweite Aufmerksamkeit als wochenlangen Werbespot für den Frieden. Aus dieser Zeit stammt das Lied ›The Ballad Of John And Yoko‹. Der Refrain der Ballade geht so:

»Christ, you know it ain't easy,
you know how hard it can be.
The way things are going,
they're gonna crucify me.«

Christus, du weißt, dass es nicht leicht ist,
du weißt, wie hart es werden kann.
Wie sich die Dinge entwickeln,
werden sie mich kreuzigen.

Zuvor war ihr Song »All we are saying is give peace a chance« um die Welt gegangen. Im Dezember 1969, auf dem Höhepunkt des Vietnamkriegs, inszenierten sie eine Plakat- und Posterkampagne, ganz klein unterzeichnet mit »Happy Christmas from John & Yoko«. Ganz fett springt einem die Botschaft entgegen: »WAR IS OVER« – »Der Krieg ist vorbei«. Kleiner darunter die Zeile, die aufhorchen lässt: »IF YOU WANT IT« – »… wenn du es willst«.

Das ist wohl die einfache und traurige Wahrheit bis heute.

Imagine

Ich erinnere mich an eine Aktion im September 2015, ein paar Monate vor Beginn meines Ruhestands. Hamburgs Radiowelt bezog Stellung. Am gleichen Samstag um Punkt 12 Uhr unterbrachen alle Radiosender ihr Programm und verlasen zeitgleich einen gemeinsamen Text gegen Hetze, Hass und Gewalt und für ein demokratisches, tolerantes und vielfältiges Miteinander in Hamburg. Danach wurde der Song »Imagine« von John Lennon gespielt – weltweit die Hymne des Friedens und der Menschlichkeit. Die Radiosender der Stadt wendeten sich mit dieser ungewöhnlichen Aktion gegen den Aufmarsch von Neonazis, Hooligans und Rassisten. Die Idee bei der Initiative war: Alle Menschen in der Stadt schalten das Radio ein und drehen es auf laut, öffnen Türen und Fenster und bekennen sich so mit John Lennon zu den Werten ihrer Hansestadt.

Ich erinnere mich deshalb an dieses Projekt, weil wir als Kirche gefragt wurden, ob wir da nicht mitmachen wollten. Ein Kollege formulierte Bedenken: In »Imagine« werde ja nicht nur die Vision einer geschwisterlichen Welt ohne Nationalismus und Besitz, ohne Himmel und Hölle entworfen, sondern darin heiße es ja auch »Imagine there's no heaven […] and no religion too« – die Vision einer Welt ohne Religion könnten wir doch nicht unterstützen.

Stehen Religionen einer weltweiten Verständigung im Weg, so dass Lennon sie in seiner Friedenshymne von 1971 verbannen will? Eine Welt ohne Religion, will ich das?

Interessant ist, wie John Lennon vor vierzig Jahren in dem langen letzten Interview kurz vor seiner Ermordung – er starb mit vierzig, wäre also in diesem Jahr achtzig – dazu Stellung nimmt. Auf die Frage, was ihn zu diesem Song inspiriert habe, sagt er:

> »Jemand gab uns eine Art kleines Gebetbuch. Es ist im christlichen Idiom gehalten [...] Es geht dabei um den Gedanken des positiven Gebets. Wenn du ein Auto willst, besorgst du dir einen Schlüssel. Verstehen Sie? Imagine handelt davon. Wenn du dir eine Welt in Frieden vorstellen kannst, ohne Religionsbekenntnisse – nicht ohne Religion, aber ohne diese ›Mein Gott ist größer als deiner‹-Geschichte –, dann kann es wahr werden.«[5]

Und dann fügt Lennon noch hinzu:

> »Einmal rief mich jemand von der ›World Church‹ an und fragte, ob sie den Text von ›Imagine‹ verwenden und ihn in ›imagine one religion‹ verändern dürften. Das zeigte mir, dass sie nicht das Geringste verstanden hatten.«[6]

Ist das nicht der Geist der Bergpredigt, aus dem Lennon hier spricht? »Selig sind, die Frieden stiften«. »Selig sind, die da hungert und dürstet nach Gerechtigkeit« (Matthäus 5,9a+6a). Dem stimmte auch Mahatma Gandhi zu. Um aus diesem Geist der Seligpreisungen zu leben, braucht es keine verfasste Religion, sondern ein waches, mitfühlendes Herz.

Anmerkungen

1 David Sheff: Die Ballade von John und Yoko – Das letzte große Interview (deutsche Ausgabe). Innsbruck 2002, S. 102.
2 Sheff 2002, S. 102.
3 Friedrich Nietzsche: Also sprach Zarathustra. In: Die Reden Zarathustras. Vom Lesen und Schreiben, Köln 1994, S. 127.
4 Sheff 2002, S. 128.
5 Sheff 2002, S. 216–217.
6 Sheff 2002, S. 217.

16 Von Eichentüren und anderen Widerstandskräften

Adelheid Ruck-Schröder
Studiendirektorin des Predigerseminars
im Kloster Loccum

Ikigai – Wofür es sich zu leben lohnt

Ikigai. Das ist Japanisch und heißt: wofür es sich zu leben lohnt. Wer sein *ikigai* im Leben findet, ist das, was wir glücklich nennen. Er weiß, wofür er morgens aufsteht. Ken Mogi, ein Neurowissenschaftler, hat zum japanischen *ikigai* geforscht.[1] Er berichtet zum Beispiel von Satonofuji, einem Sumo-Ringer. 429 Siege hat er errungen und 434 Niederlagen erlitten. Das ist im Sumosport respektabel, aber mittelmäßig. Eine große Karriere wird Satonofuji nicht mehr machen. Trotzdem ist er ein Beispiel für einen, der seine Berufung gefunden hat. Das zeigt sich am Ende jedes großen Turniers: Da tritt er allein in den Ring. Er ist es, der die sogenannte Bogentanz-Zeremonie ausführen darf. Dieser Bogentanz ist ursprünglich ein Dankestanz des Gewinners, ein Ausdruck von Respekt vor dem Gegner und dessen Enttäuschung, verloren zu haben. Satonofuji beherrscht diesen Bogentanz wie kein anderer. Er weiß, wie sich verlieren und wie sich gewinnen anfühlt. Mit unglaublicher Präzision und Geschwindigkeit wirbelt er den zwei Meter langen Bogen durch die Luft. In diesem Tanz hat er seine Berufung, sein *ikigai*, gefunden. Deshalb tanzt er ihn auch, wenn er verloren hat.

Nicht nur Gewinner haben *ikigai*, sagt Ken Mogi. Gewinner und Verlierer haben sogar gleiche Chancen auf *ikigai*. Ja, die Grenzen zwischen Gewinnern und Verlierern verschwimmen am Ende. Es geht nur darum, menschlich zu sein.

Das ist nicht gleichbedeutend mit Erfolg zu haben. Man muss keine Spitzenleistung bringen, um einfach nur Mensch zu sein.

»Mach's wie Gott, werde Mensch!« Das ist ein christliches Ideal. Natürlich gibt es große Unterschiede zur japanischen Denkweise. Aber im Christentum gibt es ein großes Vorbild: Einer, der die göttliche Kunst, menschlich zu sein, wie kein anderer beherrscht. Einer, der seine Berufung als Mensch gefunden hat. Er hat sich den Menschen zugewendet und sie geliebt, sie getröstet und geheilt, manchmal auch aufgerüttelt. Er hat anderen gezeigt, worauf es im Leben ankommt. Dafür hat er alles aufgegeben, was vorher wichtig war: Seine Herkunft, seinen Beruf, seine Familie. Aber dabei hat er das wichtigste gewonnen: Mensch zu sein. Für mich verkörpert er, wofür es sich zu leben lohnt. Ein Meister des *ikigai*: Sein Name ist Jesus.

Kurt Judas

Dieses Jahr habe ich keine Reise gemacht. Umso wertvoller kommen mir jetzt die Reisen vor Corona vor. Eine Begegnung in Jerusalem geht mir nicht aus dem Kopf.

Ich stehe in der Mittagshitze in Rechavia. Das ist das sogenannte deutsche Viertel in Jerusalem. Vor einhundert Jahren haben sich dort deutsche Juden angesiedelt. Auf ihren Spuren finde ich mich in einer kleinen Straße wieder. Ich bin dabei, eine Inschrift zu fotografieren. Da spricht mich ein alter Herr auf Englisch an und macht einen Witz: Ich könne doch besser ihn aufs Bild nehmen statt des langweiligen Schilds.

Schnell merkt er, dass ich Deutsche bin.

Und dann spricht er Deutsch mit mir: Gebürtig sei er aus Ihringen im Breisgau, im Schwarzwald, dem schönsten Dorf, das es gibt. Ich bin selbst in dieser Gegend aufgewachsen und weiß genau, wovon er spricht. Kurt Judas war elf Jahre alt, als er nach Frankreich fliehen musste und in Kinderheimen versteckt wurde. Das war seine Rettung. Seine Eltern wurden von den Nazis ermordet. Nach dem Krieg hat er als Bäcker in Amerika gearbeitet, jetzt lebt er in Jerusalem. Er sehne sich nach der deutschen Sprache und nach seinem

Geburtstort Ihringen. Nur einmal sei er noch da gewesen auf Einladung einer Schule. Da habe er von seinen Erfahrungen berichtet. Er gäbe so viel, Ihringen noch einmal zu sehen. Aber jetzt sei er zu alt. Er kommt ins Stocken. Und wir stehen eine Weile schweigend da. Mir wird klar, dass mein Vater im gleichen Jahr, nicht weit entfernt, geboren wurde, aber eine ganz andere Kindheit erlebt hat. Er müsse jetzt nach oben, sagt Kurt Judas. Seine Frau warte.

Dieser Dialog vor der Haustür war für mich das Kostbarste der ganzen Israelreise.

Weil er mich überrascht hat. Und weil ich dankbar war, dass dieser alte jüdische Herr so freundlich zu mir war. Mir von seiner Heimat erzählt hat, die auch meine ist. Und von seiner Geschichte, die zu meiner Geschichte gehört und doch so unerhört anders ist.

Fire And Ice

Roger Federer, der achtfache Wimbledonsieger, ist berühmt für seine Eleganz auf dem Platz. Das war nicht immer so. Nach einer krachenden Niederlage hatte er einmal seinen Tennisschläger vor den Augen des Publikums zertrümmert. In einem Interview erzählt er nun, er habe erst später verstanden, wie er sich auf dem Platz verhalten muss, um nicht gleichgültig, aber auch nicht immer gleich auf 180 zu sein. »Ich habe das für mich fire and ice genannt«, sagt er. Das Feuer brauche er, um gewinnen zu wollen und sich über einen gelungenen Schlag zu freuen. Das Eis sei wichtig, um den Frust über misslungene Schläge besser wegstecken zu können.[2]

Feuer und Eis, zwei gegensätzliche Symbole. Das interessiert mich. Ich bin selbst ein Typ, der für seine Sache brennt, sich aber auch schnell aufregt.

Feuer und Eis. Zwei starke Symbole.

In der Bibel ist Feuer ein Symbol für Gott. »Ist mein Wort nicht wie Feuer?«, heißt es an einer Stelle (Jeremia 23,29). Feuer signalisiert Stärke und Energie. Feuerzungen spielen eine Rolle bei den allerersten Christen: Feuerzungen auf ihren Köpfen zeigen Gottes belebende Kraft an. Sie fühlten sich vom Geist Gottes angefeuert und trauten sich wieder unter die Leute (Apostelgeschichte 2,1–13).

Gott besingt im Buch Hiob auch das Eis als seine ganz besondere Kreatur. Er vergleicht sich zwar selbst nicht mit Eis. Aber die Schöpfung lebt von Gegensätzen und vom Ausgleich. Da heißt es: »Aus wessen Schoß geht das Eis hervor und wer hat den Raureif unter dem Himmel geboren, dass das Wasser sich verbirgt und der Wasserspiegel gefriert?« (Hiob 38,29–30)

Mir gefällt das Gegensatzpaar von Feuer und Eis: Für eine Sache brennen und dabei doch einen kühlen Kopf bewahren – das bewundere ich. Roger Federer nutzt dieses Bild für sein Tennisspiel. Und Gottes ganze Schöpfung liefert wunderbare Bilder vom Feuer bis zum Eis. Sie helfen, eine Balance der Gegensätze hinzukriegen, egal wo diese uns hin- und herreißen. Wenn schon bei Gott Gegensätze zusammenkommen, um wie viel mehr kann *uns* der Gedanke an Feuer und Eis helfen, einen kühlen Kopf zu bewahren?!

Rassismus im Gemüseladen

Die alte Frau stürmt aus dem Gemüseladen, direkt an mir vorbei. Sie schimpft vor sich hin. Der Gemüsehändler folgt ihr und stellt sie zur Rede: »Mir reicht's jetzt mit Ihren Beleidigungen! Ich verweise Sie des Ladens!«

Mark ist der bestgelaunte Kaufmann, den ich kenne. So aufgebracht habe ich ihn noch nie gesehen. »Die alte Frau hat mich wieder beschimpft. Das hat sie schon öfter gemacht. Außerdem klaut sie gerne mal einen Apfel.« Ich möchte das Schimpfwort hier gar nicht erst wiederholen. Mark hat schwarze Hautfarbe. Um die Frau zur Rechenschaft ziehen zu können, bräuchten wir Zeugen. Es ist wie verhext. Die eigentliche Beleidigung der Frau habe ich nicht gehört. Ich kann vor Gericht nichts Substanzielles aussagen. Das regt mich auf. Ich würde gerne etwas tun. Nicht nur er, auch der Inhaber des Ladens und die anderen Mitarbeiter haben versucht, sich an die Kunden zu erinnern, die etwas gehört haben könnten. Aber niemand war in Hörweite, als die Frau ihn beleidigt hat. Inzwischen glaube ich, das hat sie extra gemacht: So beiläufig mal eine Beleidigung fallen lassen. Damit keiner richtig in den Zeugenstand treten kann.

Mark sagt, es habe zugenommen mit solchen rassistischen Beleidigungen. Früher kam das vielleicht einmal im Monat vor. Jetzt viel öfter. Vor allem für seine Kinder sei das schlimm.

Mich beschämt das. Ich habe mir eingebildet, es sei besser geworden, und wir wären in unserer Gesellschaft auf einem guten Weg. Aber das stimmt nicht.

Eins ist aber trotzdem richtig gut: Die Mitarbeiter und Kunden im Laden haben gemeinsam versucht, die Frau mit einer Anzeige zur Rechenschaft zu ziehen. Es ist uns am Ende nicht gelungen. Aber ich habe dabei gemerkt: So viele Leute finden das ätzend. Sie alle tolerieren nicht, dass einer wegen seiner Hautfarbe beleidigt wird. Für mich ist das auch eine Frage meines Glaubens: Wir sind alle von Gott geschaffen, mit unterschiedlichen Hautfarben. Und das ist auch schön so. Vielleicht ist gegen Rassisten kein Kraut gewachsen. Aber dieser Glaube ist stärker als Rassismus und leitet, Gott sei Dank, die Mehrheit unter uns.

Die Eichentür

Der Tischler, dessen Tür den Schüssen in Halle standhielt, hat gute Arbeit geleistet. Vor fast einem Jahr versuchte ein Attentäter, in die Synagoge von Halle einzudringen. Er scheiterte an der stabilen Eichentür. Dadurch wurden 52 Menschenleben gerettet. Zwei Menschen sind dennoch von dem Attentäter erschossen worden: eine zufällig vorbeikommende Frau und ein Mann in einem nahe gelegenen Dönerladen.

Der Tischler sagt in einem Interview: »Es ist für mich bis heute nicht vorstellbar, was passiert wäre, wenn meine Tür nicht gehalten hätte, wenn es noch mehr Opfer gegeben hätte.« Die Tür ist jetzt ersetzt worden durch eine neue, noch stabilere, aus massivem Eichenholz. »Das ist die stabilste Tür, die ich je gebaut habe«, sagt der Tischler.

Die zerschossene Tür soll auf dem Gelände der Synagoge ausgestellt werden. Auf ihr sind noch die Einschusslöcher zu sehen. Die Jüdische Gemeinde möchte diese Tür als Erinnerung für die Rettung und als Mahnmal aufbewahren. Sie hat der rohen Gewalt standgehalten und die Gemeinde bewahrt. Die schützende Tür ist ein Mahnmal für uns alle: Was in Halle passiert ist, geht uns alle an. Die Gemeindeglieder waren dem Attentäter schutzlos ausgeliefert. Wäre da nicht diese Tür gewesen. Die Synagoge hatte keinen Polizeischutz. Obwohl wir schon lange wissen, wie gefährlich der Judenhass ist. Die zerschossene Tür spricht Bände: Gegen solche Attentäter brauchen wir viel mehr gemeinsame Widerstandskräfte als es die ausgezeichnete Handwerkskunst eines Einzelnen leisten kann. Ohne Polizeischutz geht es nicht. Das ist zwar alarmierend. Aber notwendig. Jüdische Gemeindeglieder können sich sonst in Synagogen in Deutschland nicht sicher fühlen. Es ist beschämend, dass das nicht der Fall ist.

Die Gemeindeglieder wurden beim Gebet überfallen, ausgerechnet an Jom Kippur, dem höchsten jüdischen Feiertag. Da besinnen sich Jüdinnen und Juden auf Schuld und Sühne und beten um Versöhnung mit Gott. Wir brauchen solchen Glauben an die Kraft der Versöhnung. Er ist stärker als das Böse. Das lässt mich hoffen. Aber bis die Welt von diesem Glauben durchdrungen ist, brauchen wir vernünftigen Schutz, echte Handwerkskunst und stabile Eichentüren.

100 Wörter

Die letzte große Triennale in Mailand: Ein Japaner und ein Italiener haben 100 Wörter und dazu 100 passende Gegenstände ausgewählt. Mit diesen 100 Wörtern wollten die Ausstellungsmacher die ganze Geschichte der Menschheit einfangen, von der Steinzeit bis heute. Ich war dort und wollte wissen, wie die das hinkriegen: Mit 100 Wörtern die ganze Palette menschlichen Tuns vor Augen zu führen.

Ich wandere durch die Ausstellung. Eine riesige Halle voller Gegenstände, genau 100, und jedem ist ein Verb zugeordnet.

Ich halte an einer Vitrine. Darin liegt eine eiserne Sklavenkette aus Afrika. Daneben steht: »gehorchen«. Daneben eine Vespa mit einer Panzerabwehrgranate. Auf dem Schild steht: »angreifen«. Ich finde Alltägliches und Außergewöhnliches:
Teilen wird durch einen Tontopf illustriert.
Orientieren – durch einen Kompass.
Reisen – durch einen Koffer.
Spaß haben – durch Würfel.
Und so weiter.

Die Wörter und Gegenstände dieser Ausstellung spiegeln unsere Intelligenz und Entdeckerfreude, unsere Geschicklichkeit und Geselligkeit, aber auch menschliche Grausamkeit und Allmachtsfantasien.

Auf einem Schild steht »sich verlassen«. Ich frage mich, welcher Gegenstand ihm zugeordnet wird. In der Vitrine liegt ein Smartphone. Es stimmt: Die Gegenstände, die wir benutzen, erzählen etwas über uns. Tatsächlich verlasse ich mich auf mein Handy. Ich fühle mich aufgeschmissen, wenn auch nur der Akku leer ist.

In diesen 100 Wörtern und 100 Werkzeugen stecken Abgründe der Menschheit, aber auch Höhenflüge. Von der Handgranate bis zum Kunstherz. Sie beschreiben, was wir zu tun imstande sind.

Ich habe noch eins. Mein 101. Wort wäre: »sich versöhnen«.

Es kommt in der Ausstellung nicht vor, dabei gehört es unbedingt auch zur Geschichte der Menschheit: Ohne Versöhnung kann ich mir die Menschheit zwischen Himmel und Erde, zwischen Gott und Welt, nicht vorstellen.

Mein Gegenstand: ein Kreuz.

Anmerkungen
1   Ken Mogi: Ikigai. Die japanische Lebenskunst (2. Aufl.). Köln 2020.
2   Christoph Amend: Roger Federer. »Man verblüfft sich ja immer wieder selbst«. ZEIT Magazin, 29/2020, S. 18.

17 Johann Sebastian Bach: Gott der Musik

Joachim Kretschmar
Studienleiter der Evangelischen Akademie
in Breklum

Bach: Musik für die Zukunft des Glaubens

Vor 270 Jahren, am 28. Juli 1750, ist Johann Sebastian Bach gestorben. Er gilt vielen bis heute als der größte Komponist der Menschheitsgeschichte. Musikliebhaber kommen aus der ganzen Welt nach Leipzig, um seine Wirkungsstätten zu besuchen. Ob das Air, die Cello-Suiten, Toccata und Fuge in d-Moll, Goldberg-Variationen, die Chaconne, das Weihnachtsoratorium oder die Matthäuspassion: die Liste der auch heute noch weit über den Kreis der eingefleischten Klassik-Fans hinaus bekannten Werke und Melodien ist schier endlos. Doch für viele bedeutet Bach noch mehr: Für sie ist seine Musik Gottesdienst. Wenn sie Bach hören – und ich meine nicht nur die Kantaten oder Passionen, sondern auch die Instrumentalstücke – dann erleben sie etwas, das ihnen der sonntägliche Kirchenbesuch oft nicht geben kann. Ich frage mich: Wie schafft Bach das?

Es ist ja Musik aus einer anderen Zeit: Gut drei Jahrhunderte trennen uns von der Entstehungszeit der Werke. Dazwischen liegen grundlegende Umbrüche der Geistes- und Kulturgeschichte. Bachs Lebenswelt hat wenig gemein mit unserem Denken: In Bachs Todesjahr war Gotthold Ephraim Lessing, einer der frühen Aufklärer, noch Student in Wittenberg. Und bis Immanuel Kant die »Kritik der reinen Vernunft« veröffentlicht, wird es noch über dreißig Jahre dauern.

Und dennoch gelingt Bach mit seiner Musik, was Kirche gerade heute neu sucht: Sie soll authentisch und ernsthaft sein, ohne dabei moralisch daher zu kommen. Sie soll Vergewisserung nach innen bieten und gleichzeitig einladend nach außen bleiben.

Bach gelingt das: Er schafft Erbauung für den Frommen und bleibt zugänglich für den Atheisten. Seine Musik vermittelt grundsätzliche Glaubensgewissheiten und erreicht doch das Herz des Einzelnen. Und: in aller Ernsthaftigkeit verliert sie nie die Glaubensfreude aus dem Blick, die Menschen bis heute als tröstlich erfahren.

Bachs Musik liefert zwar keine Lösung für die Herausforderungen der Gegenwart. Aber sie erinnert daran, dass die frohe Botschaft überzeitlich ist. So macht sie Mut: Es gibt ein Morgen für den Glauben.

Staunen über Bach

Meine ersten bewussten Erinnerungen an die Musik von Johann Sebastian Bach sind die sonntäglichen Kantaten auf NDR Kultur. Für meine Eltern gehörten und gehören sie zum Morgenritual. Später durfte ich Bach selbst mit aufführen: Ich spüre noch die Aufregung des jungen Sängers im Kieler Knabenchor, wenn es losging: Die Kirche voll besetzt, das Gemurmel wird leiser, das Stimmen der Instrumente verstummt. Stille. Dann setzen erst die Pauken, die Holzbläser, und schließlich Trompeten und Streicher ein, bevor der Chor sein »Jauchzet, frohlocket, auf, preiset die Tage« schmettert. Bis heute kann ich den Anfang des Weihnachtsoratoriums nicht hören, ohne Gänsehaut zu kriegen – so fühlt sich Weihnachtsfreude an.

Ich bin weder ein ausgewiesener Bachkenner noch ein fanatischer Bach-Liebhaber. Aber ich kann verstehen, wenn Menschen mit glänzenden Augen von Bach erzählen, weil sie in seiner Musik etwas entdecken, was über gefällige Klangfolgen hinausgeht: Abglanz von etwas Höherem, das staunen lässt.

Literarisch wunderbar hat der niederländische Autor Maarten 't Hart das in seinem autobiografische Züge tragenden Roman »Das Wüten der ganzen Welt« beschrieben. Er erzählt darin, wie seine Liebe zu Bach geboren wurde: Eine Freundin spielte ihm eine neue Platte vor, die Kantate 104 von Bach. 't Hart erzählt:

»Dann erklangen die Einleitungstakte und mir wurde rot vor Augen. Ich sehe noch alles vor mir: den Erker, das Sonnenlicht, den gleißenden Fluss […] Sonderbar, dass jemand, der schon über zweihundert Jahre tot ist, einem mehr bedeutet als jedes lebende Wesen. Rätselhaft, dass man mit einer so tiefen Verehrung zu jemandem aufsehen kann, der für uns nur durch Klänge existiert […] Und doch wusste ich damals, dass ich mein Leben lang Bach über alles lieben würde. [Ich habe] an jenem Sonntag mein Glaubensbekenntnis abgelegt, habe meinen Gott gefunden. Nur hieß mein Gott Bach […].«[1]

Bach hätten diese Worte gar nicht gefallen. »Soli deo gloria« hat er unter seine Werke geschrieben: »Allein Gott zur Ehre«. Doch wer in seiner Musik Göttliches erkennt, der ist nah dran an dem, was Bach zu schaffen versuchte. Er wollte die Menschen ins Staunen versetzen. Mit dem Staunen beginnt der Glaube. Weil ich spüre: Es gibt das Gute und Schöne wirklich. Und ich kann es erleben.

Bach – für alle

»In dieser Woche habe ich dreimal die Matthäuspassion des göttlichen Bachs gehört, jedes Mal mit demselben Gefühl der unermesslichen Verwunderung. Wer das Christentum völlig verlernt hat, der hört es hier wirklich wie ein Evangelium.«[2]

Das schreibt Friedrich Nietzsche 1870.

Bemerkenswert ist der Ausspruch nicht wegen der Hochschätzung der Musik Johann Sebastian Bachs – denn die kann man ja durchaus verehren, ohne dabei auf den Inhalt des Textes der Matthäuspassion zu achten. Bemerkenswert ist, dass Nietzsche – einer, der das Christentum durchaus »völlig verlernt hat« – in der Matthäuspassion »Evangelium«, also »frohe Botschaft«, erkennt.

Nietzsche ist damit weiter als die Hörer der Uraufführung: Als Bach am Karfreitag 1724 die Matthäuspassion in Leipzig zum ersten

Mal aufführt, ist das Publikum überfordert. Eine adlige Zuhörerin soll gleich zu Beginn ausgerufen haben: »Behüte Gott, ihr Kinder! Ist es doch, als ob man in einer Opera Comedie wäre.« Opernhafte Musik zu schreiben, war Bach vom Rat der Stadt Leipzig strengstens untersagt gewesen. Und so wurde sein Gehalt als Strafe für die Matthäuspassion gekürzt.

Bach hat keine Opern geschrieben. Und doch erfasst der Ausruf der Zeitgenossin einen Wesenszug der Musik von Johann Sebastian Bach insgesamt: Er ist ein Meister darin, durch seine Kompositionen dem Text eine Deutung zu geben, wie sie sonst vor allem im Schauspiel möglich ist.

Am Eingangschor der Matthäuspassion lässt sich das eindrücklich zeigen: Zwei Chöre treten dort miteinander in einen Dialog. Chor 1 steht für die Anhänger Jesu. Sie sind schon ergriffen von ihm und seinem Schicksal. »Kommt, ihr Töchter, helft mir klagen!«, singen sie und: »Sehet, seht die Geduld. Seht auf unsere Schuld. Sehet ihn aus Lieb und Huld Holz zum Kreuze selber tragen!« Immer wieder dieser Ruf: »Seht!« Also: Schaut doch nicht weg, wenn Unrecht geschieht!

Chor 2 ist distanzierter. Er unterbricht den ersten Chor und stellt Fragen, weil er nicht versteht: Wen sollen wir sehen? Was sollen wir in ihm erkennen? Wohin sollen wir denn schauen? Es dauert bis auch dieser zweite Chor das Unrecht erkennt und dann einstimmt und mit ruft: »Seht!«

Auch wer das Christentum verlernt hat, kann sich den Fragen anschließen. Es sind allgemein menschliche Fragen nach Unrecht, nach Schuld und Vergebung. Bach führt sie gekonnt zur »Liebe und Huld« Gottes und damit zur frohen Botschaft, dem Evangelium, für Bachs, für Nietzsches – und für unsere Zeit.

Bach, der Familienmensch

Wie weit bist du bereit zu gehen für die Karriere? Für den Komponisten Johann Sebastian Bach stand die Antwort schon in jungen Jahren fest: Weit! Gut 400 km lief er zu Fuß vom thüringischen Arnstadt bis nach Lübeck. Er war gerade zwanzig Jahre alt. In Arnstadt hatte er eine feste Anstellung als Organist. Aber er sah dort für sich keine Zukunft. Also machte er sich auf, um den von ihm bewunderten Lübecker Organisten Dietrich Buxtehude zu treffen.

Dieser erkannte das Talent von Bach und sah in ihm einen würdigen Nachfolger für seine Stelle, knüpfte die Übergabe aber an eine Bedingung: Bach sollte Buxtehudes älteste Tochter heiraten. – Ja: Wie weit bist du bereit zu gehen für die Karriere? Bach lehnte ab und ging zurück in die Heimat. Denn bei allem Ehrgeiz, den er hatte, gab es für ihn nie die Frage: Karriere *oder* Familie? Es war: Karriere *und* Familie. Gewiss in Bahnen und Vorgaben der damaligen Gesellschaft – aber doch auch von erstaunlicher Weitsicht und von Fürsorge, ja: Liebe geprägt. Zweimal war Bach verheiratet, beides Hochzeiten aus Liebe: Nach dem frühen Tod seiner ersten Frau, Maria Barbara, heiratete er noch einmal: Anna Magdalena Wilcke, eine 16 Jahre jüngere Sängerin. Insgesamt zwanzig Kinder hatte Bach, nur zehn von Ihnen erreichten das Erwachsenenalter.

Briefe von Johann Sebastian Bach sind erhalten, die das Mitgehen des Vaters zeigen, seine Sorgen und seinen Stolz: Da ist der Sohn aus der ersten Ehe, der die neue Frau an der Seite seines Vaters nur schwerlich akzeptieren kann. Da sind unterschiedliche Begabungen und Charaktere, die zusammengehalten und gefördert werden wollen.

Es ist nicht viel aus dem Familienleben der Bachs bekannt – erhalten sind aber die Notenbüchlein, die Bach seiner Frau Anna Magdalena geschenkt hat. In eines davon hat die Familie *gemeinsam* Noten geschrieben: Vater und Mutter und Kinder. Hier findet sich alles bunt gemischt: Geistliches und Weltliches, Leichtes und Schweres, Fremdes und Eigenes, erste Versuche neben ausgereiften Kompositionen. Das Leben in seiner ganzen Fülle gefasst in Musik. Das passt zur Familie Bach und es passt zu ihrem Verständnis der Musik: Bachs geistliche Musik speist sich aus dem Erleben und Lieben in der Familie – und seine weltliche Musik ist immer auch Gotteslob. Gott ist eben das ganze Leben. Um das zu zeigen, war Bach keine Mühe zu groß – und kein Weg zu weit.

Bach und die Zahlen: Gottes guter Plan

Am kommenden Heiligabend liegt der Todestag von Johann Sebastian Bach genau 98765 Tage zurück. 9–8–7–6–5. Ein Countdown – der keinerlei Bedeutung hat. Doch wenn man sich mit den Werken Bachs befasst und insbesondere mit der reichhaltigen Sekundärliteratur, dann verschwimmen leicht die Grenzen zwischen tatsächlich faszinierenden Codes und Mustern in den Werken Bachs und verrückter Zahlenspielerei: So meinten Forscher einmal belegen zu können, dass Bach durch die Zahl der Takte in den »Goldberg-Variationen« seinen Todestag vorausberechnet habe.

Bach verleitet zu solchen Rechentricks: Er hatte ein Faible für Zahlen, Symmetrien und Buchstabencodes. Es lohnt sich, auf die Suche nach versteckten Botschaften in seinen Werken zu gehen. Neben der Tonfolge B-A-C-H findet sich immer wieder die Zahl 14 in seiner Musik: Nimmt man für jeden Buchstaben im Alphabet einen Zahlenwert von 1 bis 26 an, dann ist 14 die Summe des Namens »Bach«. Sie findet sich mal in Taktzahlen, mal in Tonintervallen und mal in Strukturierungen.

Doch nicht nur sich selbst und seinen Namen hat Bach so in seine Werke eingeschrieben. Vielmehr folgt sein mathematisches Konstruieren der Musik seinem Verständnis von Musik als Abbild der reinen Schöpfungsordnung. Das logische Gerüst entspricht dem logischen, richtigen, guten Aufbau der Welt, der so hörbar wird. In den Anordnungen zeigt sich eine Theologie. Besonders gut sichtbar wird das, wenn Bach Musikstücke neu gruppiert hat, um eine bestimmte, ihm wichtige Ordnung zu schaffen: Im Credo der h-Moll-Messe hatte er den Text zunächst in acht Teile gegliedert, dann aber überarbeitet zu einer streng symmetrischen Form mit neun Teilen. In der Mitte steht das »Crucifixus«, die Kreuzigung.

Doch Bachs Musik wäre missverstanden, wenn man sie nur als Resultat von Zahlenakrobatik hört. Wer der Musik ergriffen lauscht, zählt kaum Noten, Taktstriche und Einsätze.

Der Dirigent und bedeutende Bach-Interpret John Eliot Gardiner sieht die Genialität Bachs im Zusammenspiel von zwei Linien: der horizontalen Linie von Melodie und Rhythmus und der vertikalen Linie von Harmonien. Beide Linien sind perfekt zusammengefügt, mit mathematischer Akribie und einem unglaublichen Gespür. Zusammen machen sie Bachs Musik aus – und werden für Gardiner zum Symbol für die eigentliche Mitte der Musik von Bach: Horizontale und vertikale Linie ergeben ein Kreuz. Gott sichtbar im Mittelpunkt.[3] Ich bin mir sicher: Bach würde diese Deutung gefallen.

Tod und Ewigkeit bei Bach

Johann Sebastian Bach hatte auch für seine Zeit ungewöhnlich viele Schicksalsschläge in seinem Leben ertragen müssen: Mit 10 Jahren war er Vollwaise. Seine erste Ehefrau, Maria Barbara, starb, als Bach für einige Wochen auf Reisen war: Beim Abschied war sie gesund, als er zurückkam, erfuhr er erst beim Betreten des Hauses, dass sie in seiner Abwesenheit plötzlich schwer erkrankt, verstorben und auch schon beerdigt war. Sie hinterließ vier Kinder. Von den insgesamt zwanzig Kindern aus zwei Ehen starben zehn in den ersten fünf Lebensjahren. Wie sehr diese Schicksalsschläge Bach trafen, lässt sich nur erahnen. Doch zeigt sich in Bachs Musik immer wieder, dass gerade die Trauerphasen ihn zu einer außergewöhnlichen Intensität beflügelt haben.

Die Musikwissenschaftlerin Helga Thoene hat so herausgearbeitet, dass die Chaconne, dieses meisterhafte Violinkonzert, ein klingendes Epitaph für seine erste Frau ist.[4] Neben Anklängen an ihren Namen finden sich darin Choralzitate: Hinweise auf Bachs unerschütterliches Vertrauen in die göttliche Fügung.

Für heutige Hörer sind diese Anspielungen kaum zu erkennen. Dennoch empfinden viele auch heute die Musik Bachs als tröstlich. Der Komponist Hans Werner Henze erklärt es so:

> Mit Bachs Musik werden »menschliche Gefühle und Zustände dargestellt, in denen sich nicht mehr allein die traditionelle christlich-bürgerliche Hörerschaft als Gemeinde erkennt, son-

dern gerade der moderne, einsam zweifelnde Mensch, dem der Glaube abhandengekommen ist […]. Im Weinen und Greinen der Oboe d'amore und der Schalmeien erkennen wir unser eigenes Weinen und Greinen wieder … Die Musik vergibt uns armen Teufeln, sie verspricht uns neue Lust, sie weint für uns mit allen Seelen.«[5]

Gerade weil sie keinen zu schnellen Trost kennt, ist Bachs Musik so tröstlich. Ich höre sein Sehnen. Und ich höre die Hoffnung.

In der Krönung seines Werkes, der h-Moll-Messe, fasst Bach beides wunderbar zusammen: Die Worte »et expecto«, also: »und ich erwarte«, vertont er zweimal: Einmal klingen sie bedrückend traurig: Wie ein Warten, das nicht endet – die gute Zeit auf Erden bleibt Illusion. Dann bricht die Melodie, mit einmal klingen die Worte fröhlich: Weil das Warten ein Ziel hat, weil die Auferstehung Gewissheit und nicht Vertröstung ist.[6]

Zwischen diesen beiden Polen, zwischen Zweifeln und Staunen, steht der Mensch auch heute. Und Bachs Musik trifft ihn immer noch mitten ins Herz.

Anmerkungen

1 Maarten 't Hart: Das Wüten der ganzen Welt (16. Aufl.). München 2004, S. 257.
2 Zitiert nach Christoph Rueger: Johann Sebastian Bach. Wie im Himmel so auf Erden. Die Kunst des Lebens im Geist der Musik. München 2000, S. 152.
3 In: »John Eliot Gardiner: Celebrating the Universal Bach«, https://youtu.be/_uNP0lvq3DY (von Minute 0:30 bis 1:20) (Zugriff am 09.11.2020).
4 Helga Thoene: Johann Sebastian Bach. Ciaccona – Tanz oder Tombeau? Eine analytische Studie. Oschersleben 2003.
5 Hans Werner Henze: Diese Musik vergibt uns armen Teufeln. Die Zeit, 44/1983. https://www.zeit.de/1983/44/diese-musik-vergibt-uns-armen-teufeln (Zugriff am 01.09.2020).
6 Vgl. Luise Reddemann: Sinn und Sinnlichkeit bei J.S. Bach, 2006, S. 4. http://www.luise-reddemann.de/fileadmin/content/downloads/aufsaetze-vortraege/Sinn%20und%20Sinnlichkeit%20bei%20J.S.%20Bach.pdf (Zugriff am 01.09.2020).

18 Sommerschatzsuche

Melanie Kirschstein
Pastorin in Hamburg

Schätze im Himmel

Meinen Kindern habe ich beigebracht, Fotos mit der Seele zu machen. Man schaut hin mit allen Sinnen, bis sich der Augenblick – das Bild mit Geräuschen und Gerüchen, Stimmen und Stimmungen – in die Seele geprägt hat. Dann und wann blättern wir gemeinsam in unseren inneren Fotoalben. In dieser Woche möchte ich mit Ihnen Sommerbilder aufblättern. »Herr, es ist Zeit, der Sommer war sehr groß«, dichtete Rilke.[1] Und das war er. Trotz Corona und obwohl ich gar nicht weit weg war. Ein Haus am See. Klein, schief und alt. Gegenüber einem Kirchlein unter großen alten Linden. Morgens feuchtes Gras unter den Füßen, der Blick in den Himmel und der Sprung in den See. Graureiher und kreisende Milane. Mit Haut und Haar eintauchen in den norddeutschen Sommer. Oft wanderte ich feldeinwärts. Einmal kam ein großer Regen, und ich fand Zuflucht in einer Art Jägerhütte, einem winzigen Bauwagen mit Panoramablick über Felder, Wälder und Wolkenberge, die das weite Himmelsblau schlagartig verdunkelten. Und doch ist es immer da, hinter den Wolken, das grenzenlose klare Lichtblau. Unfassbar weit und größer als alle Wolkenberge, die Himmel und Leben manchmal verdunkeln.

Sonntags feierten wir Sommerkirche, draußen, Kathedrale aus Natur. »Schätze im Himmel« hieß die Reihe. »Sammelt euch Schätze im Himmel, wo weder Motte noch Rost sie fressen ...«, so steht es in der Bibel (Matthäus 6,20). Das Licht ist so ein Schatz. Das ewige

Licht, das immer da ist – unter allen Sorgenwolkenbergen. Weite und Vertrauen statt Enge und Angst sind Schätze, die zu mir zurückkehrten beim Beten und Baden, beim Wandern und Reiten. Jeden Tag wurde mein Herz stiller und weiter – wie die Landschaft. Mit jedem Eintauchen in den See wurden meine Sorgenrüstungen weicher gespült. Ich war einfach nur da. Endlich wieder ganz da. Verbunden mit Herz und Himmel. Mein inneres Foto zeigt die Holzhütte im Regensturm, ein wogendes Kornfeld und ich mittendrin, beschützt und behütet. Unter dem Dunkel ist Licht. Ich brauche nichts zu tun als diesen Schatz aufzusammeln und leuchten zu lassen im Alltag, in Stadt und Herbst.

Von Wind und Wellen

In dieser Woche blättere ich mit Ihnen in meinem inneren Sommerfotoalbum und nehme sie mit auf Sommerschatzsuche. In meinem Urlaub habe ich an einer alten Kirche ganz nah an einem See gewohnt. »Sammelt euch Schätze im Himmel«, war das Motto der Sommerkirche, das mich durch die Sommerwochen begleitete – wie der Weg zum See jeden Tag. An einem Sonntag fuhr ein Sturmwind durch die Bäume und blies mir beim Schwimmen die Gischt ins Gesicht. Eine junge Frau schwamm unerschrocken mit mir durch den See. Später traf ich sie beim Gottesdienst. Der Wind fegte das Kreuz vom Altar. Passenderweise ging es um die Geschichte von der Stillung des Sturms. Die biblische Geschichte erzählt, dass die Jünger in ihrer Angst vor dem Untergang Jesus weckten, der unten im Boot schlief. In ihm und durch ihn war Kraft da, den Sturm zu stillen.

Später wanderten wir gemeinsam. Vorsichtige Worte wuchsen zu Lebensgeschichten. Anna erzählte von Lebensstürmen, von einer schwierigen Trennung, von schlaflosen Nächten und panischen Fragen: Wie soll es weitergehen? Erzählte von ihrer frommen Großmutter.

»Ich bewundere sie und beneide sie um diesen Glauben, diese Güte, ihr unerschütterliches Vertrauen«, sagt Anna. »Woher nimmt sie das?«

Woher nehmen wir Vertrauen, wenn das Lebensschiff ins Schlingern kommt und die alten Glaubensformeln nicht mehr tragen? An diesem Tag wächst es zwischen uns. Gemeinsam geschwommen, gebetet, geredet – ohne die Not zu verschweigen.

Als wir zurückkehrten, war es noch warm, und draußen am Gartentisch saßen noch welche. Eine Freundin erzählte vom Pilgern auf dem Jakobsweg. Drei Wochen habe sie immer wieder ihre Geschichte erzählt, offene Ohren und Herzen gefunden auf dem Weg und sich selbst zugehört. So ging es voran mit dem Weg und mit dem Vertrauen, ihn zu finden, Schritt für Schritt. Raus aus der Angst. Dann wacht etwas auf im Herzen und in der Gemeinschaft. Eine Kraftquelle, neudeutsch Ressource, die uns trägt. Am nächsten Morgen sitzen wir unter den Johannisbeersträuchern und pflücken und reden und schweigen und sind angekommen in diesem Sommer, in diesem Augenblick. Im Vertrauen.

Von Hunger und Sehnsucht

In dieser Woche mache ich es wie Frederick und teile mit Ihnen meine Vorräte für Herbst und Winter. Frederick ist eine Maus aus einem Kinderbuch.[2] Frederick hat keine Vorräte gesammelt, die man essen kann, sondern Sommerfarben, Stimmungen, Klänge. Und hat sie gespeichert wie Nüsse und Korn – für dunklere, kältere Tage. Meine Vorräte schmecken nach norddeutschem Sommer. Ein weiter Himmel, das Gezwitscher der Vögel in rauschenden Bäumen, Abendsonne am See und eine Nachtkerze im blühenden Garten, die ins Dunkle hinein ihre Blüte öffnet. Morgens schwimme ich im See und wasche Sorgen und dunkle Träume ab. Der Wind fährt durch uralte Bäume, lässt die Kornfelder wogen und erinnert mich: Alles wächst und bewegt sich, ohne mein Zutun. Werden und Vergehen, Licht und Schatten ... Ich bin ein Teil dieses ewigen Lebens. Ich habe es nicht in der Hand.

Ich kann mich engagieren, kann so viel tun – aber vieles eben auch nicht. Unter dem weiten Himmel sehe ich klarer, wie begrenzt meine Kraft ist. Lerne das Lassen wieder – wachsen lassen, in Ruhe lassen, sein lassen – auch mich selbst. Die Sommerfarben lehren mich einen gütigeren Blick auf die kleinen und großen Wunder und Wunden des Lebens. Auch auf mich selbst. Gewohnt habe ich an der alten Kirche. 1148 steht neben dem Opferstock, der mittelalterlich anmutet. Sonntags war Sommerkirche, draußen unter dem norddeutschen Sommerhimmel, weit der Blick ins traumschöne Tal. Der dritte Sonntag fragte nach dem »Brot, das den Hunger stillt«. In Corona-Zeiten durften wir kein Brot brechen. Aber Daniel hat Brot für uns gebacken im selbstgebauten Ofen. Die frischen Scheiben kamen einzeln in Papiertütchen, auf die wir Bibelworte geschrieben hatten: »Er gab ihnen vom Brot des Himmels zu essen.« (Psalm 78,24), »Sie blieben aber beständig [...] in der Gemeinschaft und im Brotbrechen und im Gebet.« (Apostelgeschichte 2,42), »Ich bin das Brot des Lebens. Wer zu mir kommt, den wird nicht hungern« (Johannes 6,35).

»Da wohnt ein Sehnen tief in uns ...«[3], singt am Sonntagmorgen der kleine Chor. Ein Sehnen nach dem, was wirklich zählt. Was unseren Seelenhunger stillt. Was unsere Herzen bewegt und was wir bewegen wollen.

Vom Rufen, Bitten, Danken

Erinnerungen an einen Sommer in Mecklenburg. Bilder, Farben, Menschen, die mich in den Herbst begleiten. Mich stärken, wenn ich mich erinnere. Wenn ich sie in mein Inneres hineinnehme. Denn das heißt ja Erinnerung: Dass wir etwas Äußeres ins Innere nehmen, uns wieder zu Herzen nehmen. Dazu sind Gottesdienste da. Wir lassen uns berühren, nehmen uns neu zu Herzen, was uns hilft und heiler macht. Was uns heilig ist.

Sommergottesdienste haben wir gefeiert, draußen vor der kleinen Kirche – Einheimische, Neuzugezogene und Urlaubsgäste wie ich. So unterschiedlich wir auch glauben und leben, in der Sommerkirche waren wir eine Gemeinde. »Vergesst nicht / Freunde / wir reisen gemeinsam«, beginnt ein Gedicht von Rose Ausländer.[4] Wo üben wir das eigentlich noch?

Die Kraft, der wir im Gottesdienst die Ehre geben, ist größer als die eigene Wahrheit. Kyrie eleison, Herr erbarme dich. Das alte Gebet ruft uns heraus aus dem Drehen ums Eigene. Der Liedermacher aus dem Dorf singt: »Beweg Herz und Hirn, schick beides auf die Reise. Tanz, aber dreh dich nicht im Kreise ...«[5] Dann stimmt der Posaunenchor das Gloria an. »Ehre sei Gott in der Höhe«. Glauben heißt, zusammen auf etwas Größeres zu lauschen. Zusammengehören hat etwas mit Zuhören zu tun. Das ist eine passive Kunst, die die leisen Stimmen, das Verletzliche in uns und die Fragen der anderen wahrnimmt. Was trägt? Was schmerzt?

Die Geschichte an jenem Sonntag erzählt von einem Kaufmann, der Perlen sucht. Er findet eine besonders schöne, für die er alles andere stehen und liegen lässt. Ein Symbol für das, was uns zutiefst heilig und wichtig ist. Aus dem alten Taufbecken konnte man sich eine Perle nehmen. Eine Frau nahm gleich drei. »Mir sind zwei Freundinnen gestorben«, erzählt sie. Tränen fallen auf die Perlen. »Trauern heißt, dass aus einem äußeren Schatz ein innerer Schatz wird«, fällt mir ein. Sie nimmt den Satz murmelnd mit. Eine Frau aus dem Dorf leiht ihr ein Fahrrad, damit sie zum See fahren kann, sich erinnern an Liebe und Lebenskräfte. Tränen, Trost und Gemeinschaft gehören zusammen und tragen weiter.

Schritte ins Offene wagen

Ein Sommerbild: Wenn ich morgens mit meinem Tee in den Garten trat und barfuß über den taunassen Rasen lief, begrüßten mich schnatternd zwei Enten. Zugelaufene. Heimatlose. Unsere Gastgeberin hatte sie gerettet. Ein Eimer mit Stroh in der Küche war ihr Nest. Später wurde ein kleines Freiluftgehege gebaut und in den Sommerwochen wuchsen die Flauschküken zu Enten heran. In einem großen Plastikbottich lernten sie Schwimmen. Und dann war es soweit. Die Gitter wurden entfernt und das Tor zur Welt stand offen. Wir, die Feriengäste, standen drumherum. Sechs Mütter. Eine wies ängstlich auf den Bussard am Himmel. »Können sie denn überhaupt fliegen?«, fragte die nächste. »Und der Fuchs?« »Aber du kannst sie ja nicht ein Leben lang versorgen.«

Müttergedanken: Wie schwer ist es, Kinder flügge werden zu lassen, selbst wenn es Enten sind?!

Die standen da vor der offenen Käfigtür und schauten ungläubig nach draußen. Als wenn sie sagen wollten: Warum uns in Gefahr begeben, wenn wir hier doch sicher wohnen und gut versorgt werden? »Warum bleibst du im Gefängnis, wenn die Tür doch weit geöffnet ist?«[6] Dieser Satz des Sufi-Mystikers Rumi kam mir in den Sinn.

Gebannt schauten wir, wie die beiden verharrten und dann doch erste Schritte in die Freiheit wagten. Veränderungen machen nicht nur Enten Angst. Auch Menschen wohnen in ihren Gewohnheiten. Man weiß, was man hat und wird vielleicht auch gut gefüttert. Auszüge aus gewohnten Gefilden sind ein mutiges Unterfangen.

Was, wenn eine ganze Gesellschaft auf der Schwelle steht und ausziehen müsste aus vielen bequemen Gewohnheiten?

Die Enten wagten den Schritt gemeinsam. Wege ins Neuland brauchen Verbündete! Eine Frucht sommerlicher Zeitungslektüre geht mir nicht aus dem Sinn: »Wir werden in ein paar Monaten wahrscheinlich viel einander verzeihen müssen.« Ein Satz von Gesundheitsminister Jens Spahn.[7] Wer neue Pfade sucht, tritt auch mal daneben. Veränderungen brauchen Mut und einen gnädigen Umgang mit Fehlern – bei sich selbst und bei anderen.

Lass es laufen

Erinnerungen sind Lebensquellen, wenn wir tun, was das Wort sagt: Sie ins Innere hineinnehmen als Kraft, als Erfahrung. Nicht nur ein Handyfoto verschicken, sondern sich den Augenblick zu eigen machen – wie eine kostbare Perle, die wir auf die Kette unseres Lebens fädeln. Auch die schweren Augenblicke könnten dazugehören. Schließlich wachsen auch Perlen aus Wunden. Der Glanz legt sich um das eingedrungene Sandkorn.

In dieser Woche habe ich Sie mitgenommen, die Perlenkette meines Mecklenburger Sommers zu betrachten. Auch das Reiten unter dem weiten Himmel gehört dazu. Einzelne Sätze meiner Reitlehrerin gehen mir noch immer nach: »Halte die Verbindung zum Tier. Spüre, was dran ist. Du musst die Stute gewinnen. Sei geduldig und klar und ein wirkliches Gegenüber. Bleib in deiner Mitte, halte Balance. Wenn etwas nicht klappt, dann nimm es nicht übel, weder dir noch dem Tier. Ärger vergiftet nur. Geh neu in Verbindung und lerne. Wenn du zu viel willst, wird es nichts.«

Das waren nicht nur Reitstunden, sondern Lektionen fürs Leben. Wie ein Gleichnis. Jesus redete oft in Gleichnissen, wenn er etwas von der Wirklichkeit Gottes im Leben erklären wollte. Man braucht ein Herz, das versteht, was es zu hören und zu lernen gibt, sagte er. Ich tat mein Bestes. Nicht ärgern. Mich wieder verbinden. Neu beginnen. Am letzten Tag durfte ich vom Übungsplatz ins richtige Leben. Und plötzlich konnte ich die Kraft freigeben und trotzdem in Verbindung bleiben. Lass es laufen, das Pferd, wie das Leben. Vertraue der gemeinsamen Kraft.

Dann die letzte Sommerkirche. Lichtwege, Sommersegen, Taufe und Erinnerung: »Du bist gesehen und gesegnet. Lass los, was schwer war. Lass es Erfahrung und Perle sein. Lerne daraus. Verbinde dich immer wieder neu mit diesem verrückten Leben, seinen Geschichten, seinen Brüchen und Schmerzen und der ganzen Sehnsucht und Liebe darin.« Zum Schluss singt die Musikerin: »Dann bin ich wieder ich, und ich zeige mein Licht, und ich trage mein Licht in die Welt.«[8] Der Klang weht mir nach.

Anmerkungen

1 Aus dem Gedicht »Herbsttag« von Rainer Maria Rilke (1902), http://www.rilke.de/gedichte/herbsttag.htm (Zugriff am 01.10.2020).
2 Leo Lionni: Frederick (17. Aufl.). Weinheim 2020.
3 »Da wohnt ein Sehnen«, Text und Musik: Anne Quigley, deutsch: Eugen Eckert, 1992, in: LebensWeisen. Beiheft 05 zum Evangelischen Gesangbuch.
4 Beginn des Gedichts »Gemeinsam«, z. B. in: Rose Ausländer: Ich höre das Herz des Oleanders. Gedichte 1977–1979. Frankfurt a. M. 1984.
5 Aus dem Lied »Tanz« von Stefan Stoppok.
6 Vgl. https://achtsamkeit-und-sein.de/urlaub-fuer-den-kopf/ (Zugriff am 01.10.2020).
7 Vgl. https://www.tagesspiegel.de/politik/wir-werden-einander-verzeihen-muessen-warum-jens-spahn-mit-diesen-ungewoehnlichen-worten-richtig-liegt/25772260.html (Zugriff am 01.10.2020).
8 Aus dem Lied »Ich bin die Liebe« von Heidi Adelaidem Lenzner.

19 Räume – zu Hause und in der Bibel

Anne Gidion
Rektorin des Pastoralkollegs in Ratzeburg

Küche

Die besten Partys enden doch immer in der Küche. Die Grenze zwischen Gastgeberin und Gästen verschwimmt. Jeder nimmt sich, was er um die Zeit noch findet. Auch manche extra vor den Gästen versteckte Edelschokolade kommt so in Umlauf.

In diesem Jahr habe ich so viel gekocht wie noch nie. Gar nicht so viel – eher so oft. Auch für mich allein, auch, um dem Tag eine Struktur zu geben. Rote Linsen, am ersten Tag mit Zwiebeln, Knoblauch, Liebstöckel, Essigresten, Weinresten, Sellerie. Am zweiten Tag veredelt mit frischen Tomaten. Am dritten mit Schafskäse. In diesem Jahr ist die Küche für mich nicht nur ein Ort: sie ist zu einem Raum geworden.

Was hier zu tun ist, fühlt sich sinnlich an: der süßliche Duft frisch gekochter Marmelade, eine Wolke aus Currypaste und frischem Salbei, wenn ich den Topfdeckel öffne, das Hacken von feuchtem Thymian und Rosmarin aus dem Garten. Die Küche als Genussraum, Duftraum. Hier vermischt sich, was ich finde. Neues entsteht. Ein Lebens-mittel-raum.

Für Maria und Marta ist die Küche ein Kampfplatz. Marta weiß, was zu tun ist. Marta fragt nicht lang, sie packt an. Kochen, backen, bügeln, putzen, sich sorgen und mühen, unentwegt hin und her rennen, dies noch, das noch, und wenn eins fertig ist, wartet schon das nächste. Marta, Marta, du hast viel Sorge. Und Maria? Die ungleiche

Schwester? Sie sagt: Schluss jetzt, lass gut sein, setz dich, du bist nicht, was du tust! Du hebst die Welt nicht aus den Angeln, wenn du immer herumrennst. Du darfst zuhören, träumen, dich sehnen, fragen, verloren in die Luft gucken. Einfach so.

In meiner Küche ist Platz für Maria und Marta (Lukas 10,38–42). Jesus kommt zu ihnen in die Küche, wie ein später Partygast, und sie kochen gemeinsam. Oder weil er müde ist oder Mann seiner Zeit oder beides – sitzt einfach in der Ecke mit Feigen und frischem Wasser, und sie reden und bereiten das Essen, und die Grenzen verschwimmen. Das macht doch die Küche erst vom Ort zum Raum: Nähren und genährt werden, Bauch und Ohr und Seele.

Die Küche als geselliger Raum, als Raum der Nahrung, als Lebensmittelpunkt. Als ein Raum, in den Gott kommt: Gemeinsam das Leben genießen mit allen Sinnen.

Diele – Flur – Wohnzimmer

Lange habe ich in einer Wohnung gelebt, in der man direkt mit der Tür in den Küchenessraum fiel. Die Garderobe sichtbar vom Esstisch, wer die Tür aufschloss, roch sofort, was es zu essen gab. Jetzt wohne ich in einem alten Haus mit überdimensionaler Diele, einem Vorraum, der in eigener Weise Lebensraum ist. Steinfußboden, etwas uneben. Ein Windfang hält die Zugluft draußen, die sonst direkt durch die großen alten Schlüssellöcher hineinzöge. Hier liegt immer Holz herum für den kleinen Kaminofen, Tannenzapfen als Brandbeschleuniger, Eisenhaken, Ascheeimer. Hier landen Einkaufsbeutel, stapeln sich Schuhe, wartet Post. Dieser Raum ist im Sommer kühler Durchgang. Im Winter Lebensraum. Aus dem Vorzimmer wird Lebensmittelpunkt am Feuer. Die Diele als Zwischenraum. Hier hört man das ganze Haus.

In Zwischenräumen hört man, was in den eigentlichen Räumen gesprochen wird. Zelte sind auch so eine Mischung von drinnen und draußen. Schützen vor Regen und Gesehenwerden. Aber man hört alles. Abraham sitzt vor seinem Zelt bei den Eichen von Mamre. Drei

Männer kommen vorbei, Abraham bewirtet sie, Brot, Milch, Butter, Kalbfleisch. Sie essen. Genießen. Haben gute Nachrichten für ihn. Ein Kind werdet ihr bekommen, sagen sie. Obwohl ihr alt seid. Wenn wir in einem Jahr wieder da sind, ist es schon auf der Welt.

Sarah hatte gelauscht, auf der anderen Seite der Zeltwand. Sie ist alt und hat die Hoffnung auf Kinder aufgegeben. Nun lacht sie. Abraham holt sie – was lachst du? Ich – lachen? Sie hat plötzlich Angst. Aber die Männer kommen von Gott. Und der hat etwas vor mit Abraham und Sara. Bis heute. (1. Mose 18,1–15)

Leben im Zwischenraum. Gott hat etwas vor mit mir. Das deutet sich an. Ich warte und sitze und höre in der Diele meines Lebens und bin gespannt, welchen Raum ich als Nächstes betreten werde.

Dachboden

In dieser Woche beschäftigen mich Räume. Räume in Häusern, Räume als Orte, Räume in biblischen Geschichten. Auch wer zu Hause bleibt, findet in Räumen neue Welten. Mein Dachboden ist geräumiger als der Rest des Hauses zusammen. Der Überhang von allen meinen Umzügen lagert sich da, und ein paar Menschen meines Lebens haben ihre Sachen auch gleich noch abgestellt. Ist ja genug Platz. Das finden auch die Spinnen. Die Wespen sind schon wieder ausgezogen und haben ein kokosnussgroßes beige-gelbes Nest kleben lassen. Die leeren Umzugskisten – dreimal genutzt oder viermal – werden beim nächsten Mal vermutlich zerbröseln. Auf dem Dachboden sammelt sich meine Vergangenheit.

Für die Kinder in meinem Leben ist der Dachboden ein Abenteuerraum, wie eine Zeitmaschine. Der Staub stört sie nicht, die Playmobilpalmen und den bast-geflochtenen Puppenkinderwagen finden sie »retro«.

Den hat meine Patentante, 102 wäre sie heute, vor einem halben Jahrhundert aus Beirut nach Göttingen mitgebracht – wie sie das gemacht hat und warum, kann niemand mehr genau rekonstruieren, aber Geschichten darüber erfinden wir immer mal wieder neu.

Hast du auch so richtig alte Klamotten, Anne? So mit Schlaghosen? Wie das die Leute früher getragen haben?

Sie schlüpfen in für sie Sackartiges, krempeln um, staksen verzückt vor dem stumpfen Spiegel hin und her und machen aus der Vergangenheit Gegenwart.

In biblischen Zeiten sind die Dächer flach. Der Apostel Petrus ist auf seinen Reisen zu Gast bei einem Gerber namens Simon mit einem Haus am Meer. Zum Beten steigt er aufs Dach. Dichter an Gott und weiter weg vom Straßenlärm. Unter ihm wird Essen zubereitet, ihm läuft das Wasser im Mund zusammen, er hat eine Vision. Der Himmel geht auf und ein »Gefäß« kommt herab »wie ein großes leinenes Tuch«, darin ist aber kein Essen, sondern »allerlei vierfüßige und kriechende Tiere der Erde und Vögel des Himmels« (Apostelgeschichte 10,12). Und er hört eine Stimme: Aufstehen soll er und die Tiere schlachten und essen. Petrus wehrt sich, es sind unreine Tiere. Aber die Stimme kommt zum zweiten, dann zum dritten Mal und dann verschwindet das Zeug wieder in den Himmel. Was Gott für rein erklärt, solle er nicht unrein nennen. Petrus begegnet auf dem Dach seiner Vergangenheit. Und der Macht, die sie bis heute über ihn hat.

Der Himmel tut sich auf. Was er für unmöglich gehalten hat, geht doch. Gott ist anders als er dachte. Weiter. Großzügiger. Petrus klettert vom Dach und predigt wie neu. Auf dem Dach ist Zukunft entstanden.

Zoom-Raum

Bitte kommen Sie um 15 Uhr in meinen virtuellen Zoom-Raum! Diese Woche denke ich über Räume nach. Menschen-Räume und Räume für Gott. Seit Homeoffice-Zeiten sind virtuelle Räume für viele normaler geworden. Dienstgespräche ohne Fahrzeiten, Konferenzen mit Teilnehmenden aus Indien und Brasilien – auf einmal geht das, während ich am Schreibtisch in Norddeutschland sitzen bleibe. Begegnungen im Rechteck. Es ging schon früher – natürlich. Viele Firmen mit Mitarbeitenden in aller Welt arbeiten so. Aber für

Kirche in unseren Breiten war es ungewohnt und ging auf einmal ganz schnell. Dienstbesprechung ohne Flurgespräch vorher. Und bei vielen Menschen entstand plötzlich auch zu Hause so ein virtueller Raum: Verabreden mit Freunden südlich von München zum gleichzeitigen Abendgetränk – jeder auf seinem Sofa. Familientreffen im Netz. Enkelvermissen – aber wenigstens Skypen und Erzählen auf dem Bildschirm. In Verbindung sein. Wenigstens das, auch wenn ich nicht riechen und anfassen kann. Besser als nichts, sagen viele.

Für die Propheten und Visionäre ist das oft so – sie sehen etwas, was sie nicht greifen können. Sie haben Gesichte und Erscheinungen und andere sagen: Das ist doch gar nicht real. Der Seher in der Offenbarung des Johannes sieht Tiere und Könige und Heere und einen neuen Himmel und eine neue Erde (Offenbarung 20+21).

Manche haben mir das so erzählt in den Wochen, als es nur Zuhause gab. Über die anderen Räume, diese virtuellen, möglichen Räume waren sie technisch verbunden über Zeit und Ort hinweg. Technisch – und emotional. Mit ihren Liebsten. Beethovensonaten live – als wäre es nur für sie gespielt, sagt eine. Eine Predigt mitten ins Herz – 300 km weg. In Verbindung bleiben. Quer durch all das hindurch, was schwer ist und anders und ungewohnt. So entsteht bei allem Abstand durch Technik und Emotion ein gemeinsamer Raum. Gemeinschaft – die Grenze zwischen virtuell und real verschwimmt.

Im Bildschirm-Raum öffnet sich etwas. Verbunden sein – mit Gott und mit den anderen. Was direkt um mich ist, ist nicht alles. Die anderen sind da, auch wenn ich sie gerade nicht greifen kann. Das tröstet und trägt. Wir sehen uns!

Draußen

Diese Woche beschäftigen mich Räume im Haus meines Lebens. In diesem Jahr war ich so viel in meinen vier Wänden wie seit meiner Kindheit nicht mehr. Nie hatte ich sonst dies Gefühl: Zu Hause ist es am besten. Am sichersten. Seit Mitte März habe ich das langsam gelernt. Homeoffice, Video-Kurse, Kochen, kleiner Radius.

Umso stärker nun die Sehnsucht nach dem Rauskommen. Weg vom Bildschirm, von der Welt im Rechteck, vom schnarrigen Computersound. Einmal das Gesicht in die Sonne halten, an den Tomatenpflanzen riechen. Regen spüren. Ich will raus!

Lass uns rausgehen – als Kind habe ich mit meinen Freundinnen draußen gespielt, Gummitwist auf der Straße. Im Park in der Nähe unter den Hängeweiden und auf den verwachsenen Hainbuchen entstanden geheime Mädcheninternate, versteckt vor den Eltern oder den Jungs.

In diesen Monaten ist »draußen« etwas anderes geworden. Draußen, das ist nun Freiraum und Abstandsort zugleich. Draußen – da haben wir im August und September endlich wieder in Gruppen gearbeitet, Seminare mit Stühlen mit Abstand, Gottesdienste im Dominnenhof, vorsichtig seliges Singen, was drinnen nicht sein sollte. Draußen, das ist frei sein und atmen und natürlicher Abstand und sich sicher fühlen vor Aerosolen.

Wer flieht, muss oft draußen leben. Sich durchschlagen, Angst haben.

Ich stelle mir vor: die biblischen Geschichten sind draußen entstanden. Über Jahrhunderte, Jahrtausende. Schreiben konnten nur wenige. In Häusern lebten nur die Reichen, und der nächste Erdrutsch kam bestimmt. Was erzählt wird, geht weiter.

Jakob flieht. Die Sonne geht unter. Er macht Pause, sein Kopfkissen ist ein Stein. Er träumt. Im Traum sieht er eine Leiter. Engel klettern auf und ab, die kennen sich aus mit dem kürzesten Weg zwischen Himmel und Erde. Von oben redet Gott zu Jakob auf dem Stein: Ich bin mit dir. Und will dich behüten, wo du hinziehst, und will dich wieder herbringen in dies Land. Denn ich will dich nicht verlassen, bis ich alles tue, was ich dir zugesagt habe. (1. Mose 28,10–22)

Das braucht es draußen besonders. Dies Gefühl, dass einer mitgeht. Schutz und Versprechen. Ich will dich behüten, wo du auch hinziehst. Das sagt der Draußen-Gott für drinnen und draußen und zum Mitnehmen. Und bis tief ins Herz.

Segensraum

Diese Woche beschäftigen mich Räume. Räume im Zuhause – seit Monaten der sicherste und empfohlene Ort. Orte, die zu Räumen werden für Nahrung und Abstand und Erinnerung und Neubeginn.

Ich mag es, wenn Räume stimmig eingerichtet sind – aber wichtiger ist mir, was im Raum passiert. Wer da ist, ist mir wichtiger als Sofafarbe und Deckenhöhe. Menschen können für mich zu Räumen werden, zu Räumen für meine Seele und meine Träume. Es gibt Menschen, mit denen ich mich zu Hause fühle, egal wo ich bin.

»Und meine Seele spannte
Weit ihre Flügel aus,
Flog durch die stillen Lande,
Als flöge sie nach Haus.«[1]

Das klingt nach Romantik. Ist es auch.

Bei jemandem zu Hause zu sein unabhängig vom Raum – selbst wenn er nicht da ist oder sie. Ich kann das be-raumte, be-seelte Gefühl empfinden, egal wo ich bin. Manchmal kommt es hart auf hart, und die Seele schreit. Dann geht jemand mit. Hoffentlich. Im Smartphone, ganz tatsächlich zeitgleich, oder einfach im Herzen. Für mich öffnet sich dann ein Raum, der in keinem Haus ist.

Manche nennen das Segensraum. Ein Haus in der Seele. Die Wände und das Dach sieht man nicht. Ein Gefühl zwischen Menschen. Über den Moment hinaus.

Manche sagen dann: Gott ist da.

In Psalmensprache klingt das so:

»Wie köstlich ist deine Güte, Gott,
dass Menschenkinder unter dem Schatten deiner Flügel
Zuflucht haben.
Sie werden satt von den reichen Gütern deines Hauses,
und du tränkst sie mit Wonne wie mit einem Strom.«
(Psalm 36,8–9)

Der Segensraum ist ein Schutzraum auf Zeit. ich kann ihn nicht erzwingen. Wir bitten um den Segen am Ende jedes Gottesdienstes: Gott segne dich und behüte dich, Gott lasse leuchten sein Angesicht über dir … Gott wendet den Menschen im Segen den Blick zu – direkt. Und der Mensch hält Gottes Blick stand, nimmt Blickkontakt auf. Ein Raum entsteht, wenn etwas neu beginnt, ein Leben, eine Liebe, ein neues Schuljahr. Der Segen öffnet einen Raum. In dem darf Leben wachsen. Segen empfangen heißt: die Hände öffnen. Wir haben das Leben nicht unter Kontrolle. Im besten Fall wissen wir das. Du bist gesegnet, und Du sollst ein Segen sein. Du darfst leben. Und Gott geht mit.

Anmerkung

1 Aus »Mondnacht« von Joseph von Eichendorff, 1837, zitiert nach Ludwig Reiners (Hg.): Der ewige Brunnen. Hausbuch deutscher Dichtung. München 2005, S. 377.

20 Simon and Garfunkel

Marco Voigt
Radiopastor in Kiel

You Can Tell The World

Vor dreißig Jahren wurde ein Duo in die »Rock and Roll Hall of Fame« aufgenommen, das die Musikwelt der 60er-Jahre maßgeblich mitbeeinflusst hat. Die beiden wurden darum auch zurecht geehrt: Simon and Garfunkel.

Paul Simon und Arthur, genannt Art, Garfunkel sind gleich alt, wachsen im New Yorker Stadtteil Queens auf und kennen sich von der Schule. Schon dort machen sie gemeinsam Musik. Unter dem Pseudonym »Tom and Jerry« veröffentlichen sie 1957 ihre erste Single. Dabei orientieren sich die beiden Schüler noch an Berühmtheiten wie den Everly Brothers. Schon bald gehen sie wieder getrennte Wege. Nach der Schule studiert Art Garfunkel Architektur, Kunstgeschichte und Mathematik, Paul Simon englische Literatur.

Gott sei Dank finden sie wieder zusammen, knüpfen an ihre Schulzeit an und machen wieder gemeinsam Musik.

1964 – die beiden sind Anfang zwanzig – veröffentlichen sie das Album »Wednesday Morning, 3 A.M.« Neben ersten eigenen Kompositionen von Paul Simon finden sich darauf Lieder wie das lateinische Benediktus mit Worten aus der katholischen Messe oder der Gospelsong »Go tell it on the mountain«. Ihre Lieder sind voll von christlichen Bezügen. Obwohl beide jüdische Wurzeln haben, verkündet gleich das erste Lied auf dem Album die frohe christliche Botschaft: »You can tell the world.«

Du kannst der Welt hiervon erzählen,
Du kannst dem Land davon erzählen:
Erzähle ihnen, was der Meister getan hat,
erzähle ihnen, dass die frohe Botschaft gekommen ist,
erzähle ihnen, dass der Sieg errungen wurde:
Er brachte Freude, Freude, Freude … in mein Herz.

Und dann folgt in den Strophen ein kurzer Durchlauf durch Themen der Bibel:

Das Höllenfeuer wird besungen, die Kinder Israels und auch der Mann aus Galiläa.

Der Ausblick am Ende verheißt schließlich, dass die Straßen im Himmel aus Gold sein werden und wir ein Zuhause auf der anderen Seite haben.

»You can tell the world«: Ein einfacher, aber zu Herzen gehender Song voller Glaubens- und Lebensfreude, gesungen von zwei Schulfreunden, die immer mehr zu sich fanden und die der Welt noch eine Menge zu sagen hatten.

Sparrow

Simon and Garfunkel. Wer an die beiden denkt, hat wahrscheinlich gleich die einzigartige Stimme von Art Garfunkel im Ohr. Doch die berühmten Lieder, die man mit dem Duo verbindet, hat alle Paul Simon geschrieben. Die hohe Qualität seiner zarten Poesie scheint von Beginn an auf. Zum Beispiel in »Sparrow«, einem der ganz frühen Lieder:

»Who will love a little sparrow,
who's travelled far and cries for rest?«
Wer wird einen kleinen Spatzen lieben,
der weit gereist ist und sich nach Ruhe sehnt?

»Ich nicht«, sagt die Eiche, »ich werde meine Zweige nicht mit einem Spatzennest teilen, und meine Blätterdecke wird seine kalte Brust nicht wärmen.«

Und auch der Schwan will kein freundliches Wort an den Spatzen richten. Allein die Idee sei ja absurd. Die anderen Schwäne würden ihn auslachen und verhöhnen, wenn sie davon Wind bekämen.

Selbst der goldene Weizen will den Spatzen nicht ernähren. Er brauche jedes einzelne Korn für sich selbst, behauptet er.

Ohne Obdach, ohne ein freundliches Wort und ohne etwas zu essen stirbt der kleine Spatz. Wird wenigstens jemand eine Grabrede für ihn halten oder wird sich auch hierfür niemand finden? Es ist die Erde selbst, die sich schließlich dazu bereit erklärt. Sie hat den kleinen Spatzen hervorgebracht, und so wird sie ihn auch wieder zu sich nehmen.

»From dust were ye made and dust ye shall be«, lauten die letzten Worte des Liedes, bevor die Musik leiser wird und erstirbt. Diese letzten Worte stammen aus der biblischen Schöpfungsgeschichte und richten sich direkt an uns:

»Denn Staub bist du und zum Staub kehrst du zurück.« (1. Mose 3,19b)

»Seid euch eurer Sterblichkeit bewusst«, höre ich hier. Ob wir unser Leben nun als mächtige Eiche, als stolzer Schwan, als geiziger Weizen oder als kleiner Spatz leben: Am Ende sind wir doch alle gleich. Wir gehen dahin zurück, woher wir gekommen sind. Eine Botschaft, in der Trost und Mahnung zugleich stecken.

Trost, der sagt, dass am Ende der ewige Friede bei unserem Schöpfer auch auf die Kleinsten von uns wartet. Daneben mahnt uns dieser Vers aber auch, nicht abweisend und kühl zu bleiben gegenüber den Menschen und Wesen, die Schutz, Nahrung oder ein liebes Wort von uns brauchen. Paul Simons Verse sind wie eine Erinnerung an Worte von Jesus: »Was ihr getan habt einem von diesen meinen geringsten Brüdern, das habt ihr mir getan.« (Matthäus 25,40b)

The Sound Of Silence

»The Sound Of Silence«. Es ist eines der berühmtesten Lieder von Simon and Garfunkel. 1964 erscheint es schon auf dem ersten Album. Da ist es eine rein akustische Version und erregt noch keine besondere Aufmerksamkeit. Um »The Sound Of Silence« wird es bald wieder still.

Ein Jahr später veröffentlichen sie das Lied erneut. Dieses Mal aufwändiger produziert. E-Gitarre und Schlagzeug kommen hinzu. Nun wird es zum Welthit, und Simon and Garfunkel sind mit einem Mal berühmt.

Hallo Dunkelheit, meine alte Freundin,
ich muss mal wieder mit dir reden,
denn als ich schlief, hatte ich eine Vision.
Sie schlich sich bei mir ein und hinterließ ihre Saat.
Und diese Vision, in mein Hirn gepflanzt,
bleibt unauslöschlich im Klang der Stille.

Rätselhafte Worte, die etwas Großes ankündigen.

Paul Simon übte als Jugendlicher gern im dunklen Badezimmer Gitarre. Dort war die Akustik am besten. Also ging er immer wieder in die Dunkelheit, um durch seine Gitarre mit ihr zu reden. Diese Begebenheit aus Simons Jugend ist der Ausgangspunkt. Von hier aus entspinnt sich eine Vision, die an Geschichten aus der Bibel erinnert. Gott begegnet ja gern in Traumvisionen. Aber was er zu sagen hat, ist nicht immer schön, sondern kann einem gehörig zu schaffen machen. So auch hier:

Ein Mensch geht allein durch Gassen. Grelles Neonlicht, der Klang der Stille.

Dann trifft er auf Menschen.

Doch etwas stimmt nicht. Es sind:

»People talking without speaking,
people hearing without listening.«

Menschen, die zwar reden, aber doch nichts sagen.
Menschen, die zwar hören, aber dabei doch nicht zuhören.

Und immer mehr breitet sich der Klang der Stille aus.
Da platzt es aus dem einsamen Wanderer heraus. Er spricht die seltsam passiven Menschen an:

Merkt ihr denn nicht, dass diese Stille wie Krebs unaufhörlich weiterwächst?!
Hört auf meine Worte! Ich könnte euch lehren.
Nehmt doch meine Hand!

Doch es ist vergebens. Die Worte verhallen in der Stille. Die Menschen beten lieber ihre selbstgemachten Neongötter an. Die mahnenden Worte der Propheten, geschrieben an die Wände der U-Bahn-Schächte und der Mietskasernen, bleiben unbeachtet.
»Ein Prophet gilt nirgends weniger als in seinem Vaterland und in seinem Hause.« Das hat Jesus einmal gesagt (Matthäus 13,57b). So klingt der »Sound of Silence«.

Mrs. Robinson

Ende der 60er-Jahre sind Simon and Garfunkel auf dem Höhepunkt ihrer Karriere. Einer ihrer größten Hits ist 1968 »Mrs. Robinson«. Ein Lied aus dem Film »Die Reifeprüfung«. Der Refrain geht immer noch ins Ohr:

»And here's to you, Mrs. Robinson,
Jesus loves you more than you will know –
whoa, whoa, whoa.«
Auf Ihr Wohl, Frau Robinson!
Jesus liebt Sie mehr, als Sie jemals wissen werden.

Das klingt fromm, doch im Film geht es darum, dass der College-Absolvent Benjamin Braddock zuerst eine Liebesbeziehung zu Mrs. Robinson, einer Dame mittleren Alters, eingeht, und dann zu ihrer Tochter. Wie passt das mit dem Lied zusammen?

Eigentlich gar nicht, denn das Lied war zunächst überhaupt nicht für den Film gedacht. Statt an die fiktive Mrs. Robinson hat Paul Simon bei diesem Lied an die von ihm verehrte Menschenrechtsaktivistin und Präsidentengattin Eleanor Roosevelt gedacht.

Doch dann kam alles anders, das Lied kam zum Film, und statt als »Mrs. Roosevelt« wurde es als »Mrs. Robinson« berühmt. Manchmal geht das Leben eben andere Wege als gedacht.

Im Leben von Paul Simon und Art Garfunkel ist das auch so gewesen. Sie haben sich mehrfach getrennt und dann doch wieder zusammengefunden. Über die Gründe ist viel spekuliert worden. Der Dichter und Komponist Paul Simon sei auf Art Garfunkel neidisch gewesen, hieß es. Denn der stand durch seine außergewöhnlich schöne Stimme immer im Vordergrund.

Bei einem Konzert vor einigen Jahren nahm Art Garfunkel diese Spekulationen auf und sagte, der eigentliche Grund, warum er nicht mehr mit Paul Simon singen könne, sei ein Zwist über das Lied »Mrs. Robinson«. Einer von ihnen würde meinen, man müsse singen

»Jesus loves you more than you will know –
whoa, whoa, whoa.«

Und der andere würde darauf bestehen, es müsse heißen

»Jesus loves you more than you ever knew –
woo, woo, woo.«

Das Publikum schmunzelte und sang umso lauter mit.

Ich glaube: Jesus liebt die beiden auf jeden Fall – mehr als sie wissen werden oder jemals gewusst haben! Heute (5. November) feiert Art Garfunkel seinen 79. Geburtstag, und ich wünsche ihm, dass Paul Simon mit unter seinen Gästen ist! Lieber Art Garfunkel: Alles Gute und Gottes Segen zum Geburtstag! »Jesus loves you more than you will know – whoa, whoa, whoa.«

Blessed

Neben den bekannten Liedern wie »The Boxer« oder »El Condor Pasa« gibt es auch weniger bekannte, aber nicht weniger schöne Lieder von Simon and Garfunkel. »Blessed«, »Selig«, gehört dazu. Zu Beginn erinnern seine Worte an die Bergpredigt:

> Selig sind die Sanftmütigen, denn sie werden erben.
> Selig ist das Lamm, dessen Blut fließt.
> Selig sind die Niedergedrückten, die Angespuckten
> und die Verratenen.
> Oh, mein Gott, warum hast du mich verlassen?

Ein gottverlassener Mensch geht durch die Straßen. In Gedanken preist er die selig, denen er sich gerade besonders nahe fühlt. Wir befinden uns mit ihm im berüchtigten Londoner Stadtteil Soho, dort, wo auch Mr. Hyde, die dunkle Kehrseite von Dr. Jekyll, sein Unwesen treibt. Der Song nimmt uns mit. Wir streifen durch die Straßen. Ohne Rast und ohne Ruh. Und es geht immer merkwürdiger weiter:

> Selig sind die Meth-Trinker, die Hasch-Verkäufer,
> die, die in Wahnvorstellungen wohnen.
> Oh, mein Gott, warum hast du mich verlassen?
> Meine Worte tropfen herab aus einer Wunde,
> die ich nicht heilen lassen will.

Tiefe Verzweiflung. Drogen und Wahn sind im Spiel, eine Wunde, die nicht heilen kann, vielleicht weil es so schwer ist, von der Sucht loszukommen?!

Doch schließlich keimt dann doch eine zarte Hoffnung auf. Wir kommen bei einer Kirche an, drinnen wird ein Gottesdienst gefeiert. Noch einmal begegnen wir den Gestalten aus Soho. Noch einmal kehrt die Klage wieder. Doch am Ende steht eine Einsicht:

> Selig sind die Kirchenfenster aus buntem Glas.
> Selig ist der Gottesdienst, der mich nervös macht.
> Selig sind die kleinen Ganoven, die Prostituierten,
> die Gutaussehenden.
> Oh, mein Gott, warum hast du mich verlassen?
> Ich habe mich um meinen eigenen Garten gekümmert –
> viel zu lange schon.

Ungewöhnliche, sehr persönliche Seligpreisungen von Simon and Garfunkel.

In den Geschichten der Bibel trifft Jesus auch immer wieder auf Menschen wie diesen einsamen Wanderer aus dem Lied »Blessed«.

Er geht an ihrer Seite, er hört ihnen zu, heilt ihre Wunden, und er preist sie selig.

> Selig sind die Niedergedrückten, die Angespuckten
> und die Verratenen.

Bridge Over Troubled Water

Im nächsten Jahr (2021) werden Paul Simon und Art Garfunkel achtzig Jahre alt. Paul Simon war vor zwei Jahren auf seiner Abschiedstournee. Art Garfunkel tritt noch immer auf. Und auf seinen Konzerten darf natürlich das Lied nicht fehlen, welches zum größten Hit von Simon and Garfunkel wurde: »Bridge Over Troubled Water«. Das Lied wurde 1971 mit fünf Grammys ausgezeichnet und bekam vor zehn Jahren eine Auszeichnung als herausragender Song in der Songwriters Hall of Fame. Art Garfunkel sagte damals:

»Ich singe diesen Song immer noch, in jeder Stadt, und er ist für mich immer noch komplett lebendig und frisch. Es ist nichts Altmodisches daran ... Ich liebe es, diesen Song zu singen. Gott sei Dank kommt dieses Gefühl, diese Gänsehaut, regelmäßig wieder, wenn ich ihn singe.«[1]

Wenn du matt bist und dich klein fühlst,
wenn Tränen in deinen Augen sind,
dann werde ich sie alle trocknen.
Ich bin an deiner Seite, wenn die Zeiten rauer werden
und du keine Freunde mehr hast.
Wie eine Brücke lege ich mich über aufgewühltes Wasser.

Wer spricht hier? Ist es ein Mensch, ein Engel oder Gott? Es scheint so, als wäre Art Garfunkel Teil von etwas Größerem, wenn er »Bridge Over Troubled Water« singt. Und dieses Gefühl bestätigt auch Paul Simon, der den Song geschrieben hat. Er sagt in einem Interview:

»Ich habe keine Ahnung, woher dieses Lied kam. Es geschah ganz plötzlich und war einer der schockierendsten Momente in meiner Karriere als Songwriter. Ich erinnere mich, dass ich gedacht habe: Dies ist um einiges besser als was ich sonst dichte.«[2]

So ist es mit dem Musenkuss, diesem Moment der Inspiration und der Erleuchtung. Wenn ein Teil des Göttlichen in unsere Welt hinüberweht und wir Menschen gar nicht sagen können, woher uns ein überirdisch-schöner Gedanke gekommen ist.

»Bridge Over Troubled Water« – in den vergangenen fünfzig Jahren hat dieses Lied unzählige Menschen auf der ganzen Welt berührt und glücklich gemacht. Und es hat sich dabei kein bisschen abgenutzt. Es ist ein lebendiges, musikalisches Segenswort, das stärkt und tröstet. Was kann man als Musiker mehr erreichen?!

Anmerkungen

1 Quelle: https://www.songfacts.com/facts/simon-garfunkel/bridge-over-troubled-water (Zugriff am 01.11.2020).
2 Quelle: https://www.songfacts.com/facts/simon-garfunkel/bridge-over-troubled-water (Zugriff am 01.11.2020).

Sendetermine der Andachten

Ralf Meister	Gedanken zu Weihnachten	23.–28.12.2019
Astrid Kleist	Alte und neue Psalmen	27.01.–01.02.2020
Friedemann Magaard	Mittagsstunde	10.–15.02.2020
Henning Kiene	Zuversicht! Sieben Wochen ohne Pessimismus	16.–21.03.2020
Annette Behnken	Licht in der Dunkelheit	06.–11.04.2020
Mathis Burfien	Vögel und Menschen	20.–25.04.2020
Damaris Frehrking	Singen ist lebenswichtig	11.–16.05.2020
Nora Steen	Wie wollen wir leben?	18.–23.05.2020
Klaus Bergmann	Göttliche Berufe	08.–13.06.2020
Tilmann Präckel	Von Nähe und Distanz in der Liebe	22.–27.06.2020
Silvia Mustert	Ankommen	06.–11.07.2020

Katharina Henking	Timotheus und die Lateinschule von Alfeld	27.07.–01.08.2020
Anja Stadtland	Friedhofsgeschichten	03.–08.08.2020
Matthias Lemme	Was ferne liegt. Der Möglichkeitssinn	17.–22.08.2020
Christoph Störmer	Die Beatles und John Lennon	24.–29.08.2020
Adelheid Ruck-Schröder	Von Eichentüren und anderen Widerstandskräften	07.–12.09.2020
Joachim Kretschmar	Johann Sebastian Bach: Gott der Musik	21.–26.09.2020
Melanie Kirschstein	Sommerschatzsuche	05.–10.10.2020
Anne Gidion	Räume – zu Hause und in der Bibel	12.–17.10.2020
Marco Voigt	Simon and Garfunkel	02.–07.11.2020

Bibelstellenregister

Altes Testament

1. Mose 1,10–25	92	Psalm 71,1	58
1. Mose 1,31	92	Psalm 78,24	148
1. Mose 3,19b	163	Psalm 98,1a.4–7	55
1. Mose 18,1–15	154, 155	Psalm 103,2	18
1. Mose 28,10–22	158	Psalm 118	22
2. Mose 15,26	76	Psalm 119,105	23
2. Mose 16,29	39	Psalm 127,1	71, 72, 73
2. Mose 20,8	88	Psalm 127,2	73
5. Mose 6,4	17	Psalm 139,5	22
5. Mose 32,11	51	Psalm 139,9–10	22
Rut 1–3	81	Psalm 147,3	76
2. Chronik 5,13b–14	113	Prediger 3,1–8	114
Hiob 38,29–30	132	Prediger 11,1	106
Psalm 22,2	21	Hoheslied 3,1–2	84
Psalm 23,1	34, 77	Hoheslied 8,6–7a	84, 85
Psalm 23,4	19, 22	Jesaja 2,4	64
Psalm 23,6	22	Jesaja 5,8	63
Psalm 31,9b	80	Jesaja 38,14	53
Psalm 31,16	19	Jesaja 41,17–18	64
Psalm 36,8–9	159	Jesaja 64,7	74
Psalm 39,6	117	Jeremia 23,29	131
Psalm 39,7	118	Daniel 2,20–22	115
Psalm 62,2	19	Micha 4,3	65

Neues Testament

Matthäus 4,1–11	117	Apostelgeschichte 2,1–13	131, 132
Matthäus 5,9a+6a	127	Apostelgeschichte 2,42	148
Matthäus 6,20	145	Apostelgeschichte 2,44–45	66
Matthäus 6,25–34	47	Apostelgeschichte 10,12	156
Matthäus 6,34	35	Römer 12,10b	90
Matthäus 11,17a	121	Römer 10,17	7, 8
Matthäus 13,57b	165	1. Korinther 13,1–3	120
Matthäus 17,1–9	83	1. Timotheus 3,14	97
Matthäus 25,40b	163	1. Timotheus 3,16	102
Matthäus 26,29–30	51	1. Timotheus 4,7b	99
Markus 10,17–22	69	1. Timotheus 4,8b	99
Lukas 2,11	12	1. Timotheus 4,13	98
Lukas 10,38–42	154	2. Timotheus 1,7	96
Lukas 12,6	49	2. Timotheus 1,10	100
Lukas 23,46	42	2. Timotheus 3,14	97
Johannes 6,35	148	Offenbarung 20+21	157
Johannes 8,12	42	Offenbarung 21,6	104
Johannes 15,1–2	75		

Danksagung

Ich danke allen, ohne deren Hilfe dieses Buch nicht möglich gewesen wäre: den Autor*innen der Morgenandachten für ihre Texte, der Evangelischen Kirche im NDR für die Hilfe bei der Finanzierung, dem Verlag Vandenhoeck & Ruprecht für die Realisierung dieses Projektes, Jana Harle von der Programmplanung für ihren Einsatz, meiner Familie für die Zeit, die sie mir dafür geschenkt hat, und den Hörer*innen, durch die die Morgenandachten zu so einem großen Erfolg geworden sind.

Marco Voigt